Norrönes Lern- und Arbeitsbuch 1

Juliane Egerer, Sybille Bauer

Norrönes Lern- und Arbeitsbuch 1

zu Odd Einar Haugen „Norröne Grammatik im Überblick"

BUSKE

Bibliografische Information der Deutschen Nationalbibliothek
Die Deutsche Nationalbibliothek verzeichnet diese Publikation in der Deutschen Nationalbibliografie; detaillierte bibliografische Daten sind im Internet über ‹https://portal.dnb.de› abrufbar.

ISBN 978-3-96769-092-7

2., bearbeitete Auflage

 Umschlaggestaltung: QART Büro für Gestaltung, Hamburg. Satz: Dr. Juliane Egerer. Druck und Bindung: Printing Solutions, Torún. Printed in Poland.

Inhalt

Abkürzungen und Zeichen

A/Akk.	Akkusativ
Ablautkl.	Ablautklasse
AcI	Akkusativ cum infinitivo, Akkusativ mit Infinitiv
adj./Adj.	Adjektiv
adv./Adv.	Adverb
Art.	Artikel
Ass.	Assimilation
Brech.	Brechung
bzw.	beziehungsweise
D/Dat.	Dativ
def.	definit
ebd.	ebenda
f.	Femininum
G/Gen.	Genitiv
ggf.	gegebenenfalls
Hs	Hauptsatz
Ind.	Indikativ
indef.	indefinit
Inf.	Infinitiv
Kap.	Kapitel
Kl.	Klasse
Konj.	Konjunktiv
L	Lektion
m.	Maskulinum
morph.	morphologisch
N/Nom.	Nominativ
n.	Neutrum
norw.	norwegisch
Ns	Nebensatz
Part. Perf.	Partizip Perfekt
Pers.	Person
phon.	phonologisch
Pl.	Plural
pp.vb.	Präteritopräsentium
Prät.	Präteritum
s.	siehe
S.	Seite
schw.	schwach
Sg.	Singular
s.o.	siehe oben
st.	stark
Subst.	Substantiv

suff.	suffigiert
Ul.	Umlaut
unr.	unregelmäßig
V.	Verb
Z.	Zeile

kveldit Unterpunktet sind Wörter, die in den entsprechenden Übungen nach ihrer Wortart bestimmt werden sollen. Je nach Wortart sind ihnen die grammatischen Kategorien Kasus, Numerus, Genus, Positiv, Komparativ, Superlativ, Person, Tempus, Modus, starke oder schwache Flexion zuzuordnen.

hét Doppelt unterstrichen sind starke Verben, die in den entsprechenden Übungen nach Person, Numerus, Tempus und Modus bestimmt werden sollen. Soweit gefordert, sind der jeweilige Infinitiv, die Ablautklasse und die Übersetzung anzugeben.

náði Einfach unterstrichen sind schwache und unregelmäßige Verben, die in den entsprechenden Übungen nach Person, Numerus, Tempus und Modus bestimmt werden sollen. Soweit gefordert, sind der jeweilige Infinitiv, die Klasse und die Übersetzung anzugeben.

kvezk Umrahmt sind mediopassive Verbformen, deren Übersetzung in den entsprechenden Übungen zu erläutern ist.

Haugen Grau hinterlegt sind Kästen mit Hinweisen auf Seiten und Paragraphen aus der Grammatik von Odd Einar Haugen, mit deren Hilfe die jeweiligen Übungen zu bearbeiten sind. Siehe auch die Kapitel „Vorwort zur 2., bearbeiteten Auflage“, „Zur Arbeit mit diesem Buch“, „Literatur“ sowie Lektion 1 Übung 2.

Service Grammatik Fett gedruckt sind unterschiedliche Wörter zur Hervorhebung, so z. B. die in die Lückentexte einzusetzenden Lösungswörter sowie die Rahmenangaben in Paradigmen und Tabellen. Ebenso fett gedruckt sind Hinweise auf das Kapitel „Service Grammatik“.

➔ Ein Pfeil weist auf Lerntipps hin.

Vorwort zur 2., bearbeiteten Auflage

Das vorliegende „Norröne Lern- und Arbeitsbuch 1“ bringt in seinem Titel zum Ausdruck, dass wir Studierenden und Autodidakten Material an die Hand geben möchten, mit dem sie selbständig arbeiten und die altnordische Sprache lernen können. Die während der Covid-19-Pandemie überwiegend praktizierte online-basierte Distanzlehre führt die Notwendigkeit eigenverantwortlichen Lernens und selbstgesteuerter Aktivität deutlich vor Augen.

In einer „Einführung in das Altnordische“ überlagern sich Kompetenzziele aus der Sprachwissenschaft, der Kulturwissenschaft, der Literaturgeschichte und Literaturwissenschaft mit dem Ziel, übersetzen zu können. Nach unseren Erfahrungen – Juliane Egerer unterrichtet seit 2007 an verschiedenen Universitäten, Sybille Bauer studierte 2006–2013 in Freiburg i. Br. Skandinavistik – wünschen sich Studierende eine klare Benennung der Kompetenzen, die sie erwerben sollen. Die Empfehlungen der Hochschuldidaktik unterstützen diesen Wunsch.
Die Erfahrung der letzten Jahre zeigt, dass Altnordischkenntnisse für Studierende aus unterschiedlichen Studiengängen relevant sein können: Nicht nur innerhalb der Nordistik, Skandinavistik bzw. Nordischen Philologie, sondern auch der Geschichtswissenschaften mit mediävistischem Schwerpunkt, der Germanistik, Germanistischen Linguistik sowie allgemein der Kultur-, Literatur- und Sprachwissenschaften. In weiteren Studiengängen nutzen Studierende die Möglichkeit, Altnordisch innerhalb von freien Wahlpflichtbereichen zu belegen. In eine „Einführung in das Altnordische“ kommen daher Studierende mit höchst unterschiedlichem Werdegang: Wenige Studierende haben viele Jahre einen soliden Lateinunterricht genossen, viele Studierende verfügen ausschließlich über Kenntnisse in modernen Fremdsprachen. Ferner sind die Voraussetzungen verschieden für Studierende, die Deutsch als Muttersprache haben, und für Studierende, die Deutsch als Fremdsprache erlernt haben. Die Ziele, mit denen die Studierenden Altnordisch erlernen möchten, sind vielfältig. Diese unterschiedlichen Voraussetzungen erfordern in den Einführungskursen in das Altnordische ein hohes Maß an Binnendifferenzierung.
Die „Norröne Grammatik im Überblick“ von Odd Einar Haugen bietet dazu die Möglichkeit. Denn aufgrund ihres kompakt und übersichtlich präsentierten Reichtums an Material lassen sich verschiedenartige Arbeitsaufträge stellen. Die hohe Akzeptanz, die diese Grammatik bei Studierenden genießt, hat uns veranlasst, das „Norröne Lern- und Arbeitsbuch 1“ zu konzipieren. Es ist nach dem Prinzip eines spiralförmigen Curriculums aufgebaut und vollzieht den Paradigmenwechsel, das Lernen in das Zentrum der Orientierung zu stellen. Das „Norröne Lern- und Arbeitsbuch 1“ versteht sich als Angebot an die Studierenden, sich die zentrale Kompetenz, aus dem Altnordischen übersetzen zu können, in synchronen Phasen des Unterrichts und in asynchronen Selbstlernphasen anzueignen. Wird dies beherrscht, kann die vertiefte, kritische literatur- und kulturwissenschaftliche Auseinandersetzung mit verschiedenen altnordischen Textgattungen folgen, die unser

ebenfalls im Buske Verlag Hamburg erschienenes „Norrönes Lern- und Arbeitsbuch – Band 2“ exemplarisch bietet. Es stellt die Fortsetzung des vorliegenden Bandes dar.

Prof. Dr. Odd Einar Haugen (Universität Bergen) gilt unser besonderer Dank für anhaltenden Austausch und für sein freundliches Interesse am „Norrönen Lern- und Arbeitsbuch 1“. Eine Protoversion dieses Buches wurde an den Universitäten in Zürich und Erlangen-Nürnberg bereits vor Publikation der 1. Auflage im Jahr 2014 erprobt. Prof. Dr. Jürg Glauser und Prof. Dr. Hubert Seelow danken wir dafür, dass sie dazu ihre Zustimmung gaben.

Die 1. Auflage des vorliegenden „Norrönen Lern- und Arbeitsbuches“ wurde seit 2014 an verschiedenen Universitäten in zahlreichen Lehrveranstaltungen eingesetzt und evaluiert. Daher konnten wir Verbesserungsvorschläge umsetzen, die direkt von Studierenden kamen. Unser Dank geht auch an diejenigen Kolleginnen und Kollegen, die durch Nachfragen und Kommentare deutlich gemacht haben, wo Änderungen erwünscht sind. In der nun vorliegenden 2. Auflage wurden einige Druckfehler korrigiert, die Empfehlungen von Rezensenten eingearbeitet und weitere Aufgaben zur Selbstüberprüfung eingefügt.

Wir folgen in der vorliegenden 2. Auflage des „Norrönen Lern- und Arbeitsbuchs 1“ in allen Texten und Textausschnitten, die übersetzt werden sollen, der orthographischen Normalen der meisten Textausgaben und Baetkes „Wörterbuch zur altnordischen Prosaliteratur“. In allen Übungen, die sich nicht direkt auf die Texte beziehen, benutzen wir die orthographische Normale, die Haugens „Norröne Grammatik im Überblick“ und die meisten Grammatiken sowie das „Ordbog over det norrøne prosasprog“ verwenden. Studierende werden so mit unterschiedlichen Normalorthographien von Anfang an vertraut (vgl. auch Lektion 1 Übungen 1 und 2).

Es ist uns ein besonderes Anliegen, mit vorliegendem Buch den Bedürfnissen der Lernenden und der Lehrenden gleichermaßen zu entsprechen. So haben wir an Konzeption und Einsatzmöglichkeiten des „Norrönen Lern- und Arbeitsbuches 1“ Maßstäbe der Hochschuldidaktik angelegt. Ein besonderer Dank geht hierbei an die hochschuldidaktischen Trainerinnen und Trainer der Bayerischen Universitäten, die durch ihre Seminare Inspirationen und wertvolle Hinweise gegeben haben.

Augsburg und Berlin, August 2021

Dr. Juliane Egerer

Dr. Sybille Bauer

Zur Arbeit mit diesem Buch

In den 10 Lektionen wird ganz bewusst Lautlehre und Grammatik eine dienende Funktion zugewiesen. Die Lektionen setzen sich zusammen aus je einer einleitenden Übersicht über das zu Lernende, einem Übersetzungstext, einem Übungsteil samt Vokabeln und einem Vertiefungsteil. Die Vokabeln sind am Schluss des Buches noch einmal alphabetisch aufgeführt.
Die Übersetzungstexte sind in stark gekürzter Form der *Gunnlaugs saga ormstungu* entnommen und bieten den Studierenden eine zusammenhängende Geschichte. Wo zum besseren Verständnis für Anfänger nötig, wurden einzelne Wörter ergänzt oder Textpassagen der Saga an anderer Stelle platziert. In den Vertiefungsteilen, L+ genannt, sind einzelne Übungssätze nach der *Hœnsa-Þóris saga* formuliert, Textausschnitte aus der *Egils saga Skalla-Grímssonar*, aus der *Laxdœla saga* und der *Hálfdanar saga svarta* sind zu übersetzen.
Fußnoten zum Text erklären Vokabeln, die noch nicht gelernt wurden oder noch nicht von den Studierenden selbst in Wörterbuch oder Grammatik aufgefunden werden können. Mit steigendem Lernniveau und zunehmendem Vokabular verringert sich daher die Anzahl der Fußnoten in den Lektionstexten. Personennamen und ihre Flexion sind bei ihrem ersten Auftreten angegeben. Zusammengesetzte Personennamen, deren zweiter Bestandteil bereits in einer vorhergehenden Lektion genannt und flektiert wurde, sind nicht mehr angegeben. Ortsnamen sind nur dann angegeben, wenn sie noch nicht selbständig erschlossen werden können.
Die Übungen der Lektionen 1–10 sind vollständig mit Hilfe der Grammatik von Odd Einar Haugen zu lösen. In den grau unterlegten Kästen sind zu den Übungen jeweils die heranzuziehenden Seiten und Paragraphen der Grammatik angegeben. Die Übungen erleichtern das Übersetzen des jeweiligen Textes durch eine Vertiefung der grammatischen Kenntnisse. Gleichzeitig wird die selbständige Arbeit mit der Grammatik erlernt. Zu den Aufgaben der Vertiefungsteile L+ gibt es im Anhang Lösungen.
Die zu lernenden Vokabeln sind den jeweiligen Übersetzungstexten entnommen und unterstützen so die Übersetzung. Auf diese Weise wird ein elementarer Wortschatz erworben, der überwiegend aus sehr frequenten Wörtern besteht und daher auch als Grundlage für Lektüre und Übersetzung weiterer Texte dient.
Ein Abschnitt mit der Überschrift „Service Grammatik" stellt Erklärungen einzelner grammatischer Sachverhalte zur Verfügung, die erfahrungsgemäß für manche Studierende nicht oder nicht mehr verfügbar sind. Eine Übersicht über die starke und schwache Verbflexion soll das Lernen unterstützen. Ein Register, das einen Überblick über die Übungen gibt, erleichtert die Orientierung im Buch und ermöglicht es, z. B. für die Klausurvorbereitung thematisch gezielt Übungen herauszugreifen und zu wiederholen.
Im „Norrönen Lern- und Arbeitsbuch" werden die Studierenden angeregt, verschiedene Lerntechniken auszuprobieren und die jeweils individuell geeignete zu finden. Zu den Lerntechniken gehört auch das Karteikartensystem, das mit entsprechenden Programmen auch auf PCs und Smartphones eingesetzt werden kann.

Da die Unterrichtssituation, die Anzahl der Semesterwochenstunden für die Kurse sowie die der ECTS-Punkte und auch die Anzahl der für die Klausur zur Verfügung stehenden Wörterbücher an den Universitäten stark variieren, können die Lehrenden das „Norröne Lern- und Arbeitsbuch“ auf verschiedene Arten einsetzen. Je nach Semesterwochenstundenzahl können die Studierenden die Lektionstexte und Übungen vollständig in den Präsenzzeiten bearbeiten oder einen Teil davon während der Selbstlernphasen. Anstelle eines *a prima vista*-Übersetzens in der Klausur, bei dem ein Wörterbuch als Hilfsmittel zugelassen ist, können an Instituten, die nicht genügend Wörterbücher zur Verfügung haben, aus dem Textpool des Lern- und Arbeitsbuches Textausschnitte für die Klausur herausgegriffen und mit entsprechenden Fragen zur Grammatik ergänzt werden.

Literatur

Baetke, Walter ([8]2008): *Wörterbuch zur altnordischen Prosaliteratur.* 8. unveränderte Auflage 2008. Berlin: Akademie Verlag. Digitale Ausgabe von 2006: http://emedien.ub.uni-greifswald.de/ebooks/altnord-wb/baetke_digital.pdf (20.04.2021).

Bibliographisches Institut GmbH Dudenverlag (Hrsg.) ([9]2016): *Duden: Die Grammatik.* 9. überarbeitete Auflage 2016. Mannheim: Dudenverlag.

Den Arnamagnæanske Kommission (Hrsg.) (1989–): *Ordbog over det norrøne prosasprog (ONP).* http://onp.ku.dk/ (20.04.2021).

Haugen, Odd Einar ([1]2013, [2]2015): *Norröne Grammatik im Überblick.* 2., wenig veränderte Auflage 2015. Hamburg: Buske. Digitale Ausgaben: http://folk.uib.no/hnooh/Grammatik/ (20.04.2021)

Haugen, Odd Einar (Hrsg.) (2020): *Handbuch der norrönen Philologie Band 1 (Band 2 in Planung).* Oslo: Novus Press. Open Access Books: http://omp.novus.no/index.php/novus/catalog/book/14 (20.04.2021). (Es handelt sich um die überarbeitete, zukünftig zweibändige Neuausgabe von Haugen, Odd Einar (Hrsg.) (2007): Altnordische Philologie. Berlin und New York: de Gruyter.)

Iversen, Ragnvald ([7]1994): *Norrøn grammatikk.* 7. von E. F. Halvorsen revidierte Ausgabe 1994. Oslo: Aschehoug.

Macke, Gerd; Hanke, Ulrike; Viehmann, Pauline ([3]2016): *Hochschuldidaktik: Lehren, vortragen, prüfen, beraten.* 3., völlig überarbeitete und erweiterte Auflage 2016. Weinheim und Basel: Beltz.

Nedoma, Robert (2001): *Kleine Grammatik des Altisländischen.* 3. erweiterte und aktualisierte Auflage 2010. Heidelberg: Winter.

Noreen, Adolf (1884): *Altnordische Grammatik. Band I: Altisländische und altnorwegische Grammatik.* 5. unveränderte Auflage 1970. Tübingen: Niemeyer.

Ranke, Friedrich; Hofmann, Dietrich (1988): *Altnordisches Elementarbuch.* 5. durchgesehene Auflage. Berlin und New York: de Gruyter.

Textnachweise

Die altnordischen Texte im „Norrönen Lern- und Arbeitsbuch" wurden folgenden Ausgaben entnommen, zu didaktischen Zwecken gekürzt und in der Interpunktion teilweise bearbeitet:

Gunnlaugs saga ormstungu:
Sigurður Nordal; Guðni Jónsson (Hrsg.) (1938): *Borgfirðinga sǫgur. Hœnsa-Þóris saga, Gunnlaugs saga ormstungu, Bjarnar saga hítdœlakappa, Heiðarvíga saga, Gísls þáttr Illugasonar.* Reykjavík (= Íslenzk fornrit III), S. 51–68; 70–71; 73–76; 78–84; 86–95; 98–103; 105–107.

Egils saga Skalla-Grímssonar:
Sigurður Nordal (Hrsg.) (1933): *Egils saga Skalla-Grímssonar.* Reykjavík (= Íslenzk fornrit II), S. 80–81; 101.

Laxdœla saga:
Einar Ól. Sveinsson (Hrsg.) (1934): *Laxdœla saga.* Reykjavík (= Íslenzk fornrit V), S. 3.

Hœnsa-Þóris saga:
Sigurður Nordal; Guðni Jónssnon (Hrsg.) (1938): *Borgfirðinga sǫgur. Hœnsa-Þóris saga, Gunnlaugs saga ormstungu, Bjarnar saga hítdœlakappa, Heiðarvíga saga, Gísls þáttr Illugasonar.* Reykjavík (= Íslenzk fornrit III), S. 3–9.

Hálfdanar saga svarta:
Bjarni Aðalbjarnarson (Hrsg.) (1962): *Snorri Sturluson. Heimskringla.* Reykjavík (=Íslenzk Fornrit XXVI), S. 90.

Lektion 1

Einleitung: Was Sie in dieser Lektion lernen

- Wie Sie das Wörterbuch zur Altnordischen Prosaliteratur von Walter Baetke benutzen.
- Dass Sie zu diesem Norrönen Lern- und Arbeitsbuch die Grammatik von Odd Einar Haugen brauchen.
- Wie Sie starke maskuline Substantive und Verwandtschaftsbezeichnungen flektieren.
- Wie Sie Personalpronomen und das Possessivpronomen der 3. Person Singular flektieren.
- Dass Sie einen Wortschatz aufbauen müssen, damit Sie nicht jedes einzelne Wort nachschlagen müssen.
- Zu welcher Sprachfamilie das Altnordische gehört.

Text 1

Þorsteinn[1] hét[2] maðr. Hann var[3] Egilsson,[4] Skalla-Gríms[5] sonar,[6] Kveld-Úlfs[7] sonar hersis[8] ór[9] Nóregi. En Ásgerðr[10] hét móðir Þorsteins ok var Bjarnardóttir.[11] Þorsteinn bjó[12] at[13] Borg í[14] Borgarfirði.[15] Hann var auðigr at fé ok hǫfðingi mikill, vitr maðr ok hófsmaðr um alla hluti.[16] Þorsteinn var vænn maðr, hvítr á[17] hár[18] ok

---

1 *Þorsteinn*: Nom. Sg. des Männernamens *Þorsteinn*, vergleiche im Deutschen Thorsten; Flexion: *Þorsteinn, Þorsteins, Þorsteini, Þorstein*.

2 *hét*: er, sie, es hieß (Inf.: *heita*).

3 *var*: er, sie, es war (Inf.: *vera*).

4 *Egill*: Nom. Sg. des Männernamens *Egill*; Flexion: *Egill, Egils, Agli, Egil*; *Egilsson*: Egils Sohn, Egilsson (Nom. Sg. m. des Patronyms).

5 *Skalla-Gríms*: Gen. Sg. m. des Männernamens *Skalla-Grímr*, 'Glatzen-Grímr'; Flexion: *Skalla-Grímr, Skalla-Gríms, Skalla-Grími, Skalla-Grím*.

6 *sonr, sonar* m.: Sohn.

7 *Kveld-Úlfs*: Gen. Sg. des Männernamens *Kveld-Úlfr* 'Abend-Wolf'; Flexion: *Kveld-Úlfr, Kveld-Úlfs, Kveld-Úlfi, Kveld-Úlf*.

8 *hersir, hersis* m.: Herse, Häuptling, reicher Bauer und Befehlshaber über einen Bezirk.

9 *ór*: aus (Präposition).

10 *Ásgerðr*: Nom. Sg. des Frauennamens *Ásgerðr*; Flexion: *Ásgerðr, Ásgerðar, Ásgerði, Ásgerði*.

11 *Bjarnar*: Gen. Sg. des Männernamens *Bjǫrn*; Flexion: *Bjǫrn, Bjarnar, Birni, Bjǫrn*; *Bjarnardóttir*: Björns Tochter, Bjarnardóttir (Nom. Sg. f. des Patronyms).

12 *bjó*: er, sie, es wohnte (Inf.: *búa*).

13 *at*: auf, in (Präposition).

14 *í*: in, an (Präposition).

15 *firði*: Dat. von *fjǫrðr* (Dat. des Ortsnamens *Borgarfjǫrðr*; *fjǫrðr, fjarðar* m.: Fjord).

16 *um alla hluti*: in jeder Hinsicht (*allr, ǫll, alt*: ganz, all; *hlutr, hluts* m.: Anteil, Hinsicht, Los).

eygr manna bezt.[19] Hann átti[20] Jófríði[21] Gunnarsdóttur[22] Hlífar sonar.[23] Þau[24] Þorsteinn áttu[25] mart barna,[26] en[27] þó koma fá[28] við[29] þessa sǫgu.[30] Þenna tíma[31] bjó uppi á Hvítársíðu, á Gilsbakka,[32] Illugi svarti Hallkelsson,[33] Hrosskels sonar.[34] Móðir Illuga var Þuríðr.[35] Illugi var annarr mestr hǫfðingi í Borgarfirði en[36] Þorsteinn Egilsson. Illugi svarti var stóreignamaðr ok helt[37] vel vini sína.[38] Hann átti Ingibjǫrgu,[39] dóttur Ásbjarnar[40] Harðarsonar[41] ór Ǫrnólfsdal. Móðir Ingibjargar var Þorgerðr,[42] dóttir Miðfjarðar-Skeggja.[43]

---

17 *á*: in, an, auf (Präposition).

18 *hár, hárs* n.: Haar.

19 *eygr manna bezt*: hatte die besten Augen von allen Männern. Ganz wörtlich, jedoch im Deutschen unschön übersetzt hieße es: er war am besten äugig von den Männern (*manna* als Genitivus partitivus, s. Service Grammatik 1).

20 *átti*: er, sie, es besaß (Inf.: *eiga*).

21 *Jófríði*: Akk. Sg. des Frauennamens *Jófríðr*; Flexion: *Jófríðr, Jófríðar, Jófríði, Jófríði*.

22 *Gunnars*: Gen. Sg. des Männernamens *Gunnarr*; Flexion: *Gunnarr, Gunnars, Gunnari, Gunnar*; *Gunnarsdóttir*: Gunnars Tochter, Gunnarsdóttir (Nom. Sg. f. des Patronyms).

23 *Hlífar*: Gen. Sg. des Frauennamens *Hlíf*; Flexion: *Hlíf, Hlífar, Hlíf, Hlíf*; *Hlífar sonar*: des Sohnes der Hlíf (Gen. Sg. m. des Patronyms).

24 *þau*: sie, Nom. Pl. 3. Pers. n. des Personalpronomens; das Altnordische verwendet das Neutrum, wenn Männer und Frauen gemeinsam genannt werden (*þeir, þær, þau*: sie (m.), sie (f.), sie (n.)).

25 *áttu*: sie besaßen (Inf.: *eiga*).

26 *mart barna*: viele Kinder. Ganz wörtlich, jedoch im Deutschen unschön übersetzt hieße es: viel der Kinder (*barn, barns* n.: Kind; *barna* als Genitivus partitivus, s. Service Grammatik 1).

27 *en*: und, aber (Konjunktion).

28 *fá*: wenige (*fár, fá, fátt*: wenig, kaum ein).

29 *við*: bei, mit, in (Präposition).

30 *þessa sǫgu*: diese Geschichte (*sjá, sjá, þetta*: dieser, diese, dieses; *saga, sǫgu* f.: Erzählung, Geschichte).

31 *þenna tíma*: zu dieser Zeit.

32 *á Hvítársíðu, á Gilsbakka*: Dat. Sg. der Ortsnamen *Hvítársíða* und *Gilsbakki*.

33 *Illugi svarti Hallkelsson*: Illugi der Schwarze Hallkels Sohn, Illugi der Schwarze Hallkelsson; vollständiger Name im Nom. Sg. m., wie er im Altnordischen üblich war, bestehend aus Vorname, Apposition und Patronym; Flexion: *Illugi, Illuga, Illuga, Illuga*.

34 *Hrosskels*: Gen. Sg. des Männernamens Hrosskell; Kontraktion von *Hrossketill*; Flexion: *Hrosskell, Hrosskels, Hrosskatli, Hrosskel*; *Hrosskels sonar*: Hrosskels Sohn, Hrosskelsson (Nom. Sg. m. des Patronyms).

35 *Þuríðr*: Nom. Sg. des Frauennamens *Þuríðr*, vergleiche im Norwegischen Turid; Flexion: *Þuríðr, Þuríðar, Þuríði, Þuríði*.

36 *en*: als (Konjunktion nach Komparativ und *annarr*).

37 *helt*: er, sie, es hielt (Inf.: *halda*).

38 *vini sína*: seine Freunde (*vinr, vinar* m.: Freund; *sínn, sín, sitt*: sein, ihr, sein)

39 *Ingibjǫrgu*: Akk. Sg. des Frauennamens Ingibjǫrg, vergleiche im Deutschen Ingeborg; Flexion: *Ingibjǫrg, Ingibjargar, Ingibjǫrgu, Ingibjǫrgu*.

40 *Ásbjarnar*: Gen. Sg. des Männernamens Ásbjǫrn; Flexion: *Ásbjǫrn, Ásbjarnar, Ásbirni, Ásbjǫrn*.

41 *Harðar*: Gen. Sg. des Männernamens *Hǫrðr*; Flexion: *Hǫrðr, Harðar, Herði, Hǫrð*; *Harðarsonar*: des Sohnes Hörðs, Harðarsons (Gen. Sg. m. des Patronyms).

42 *Þorgerðr*: Nom. Sg. des Frauennamens *Þorgerðr*; Flexion: *Þorgerðr, Þorgerðar, Þorgerði, Þorgerði*.

43 *Skeggja*: Gen. Sg. des Männernamens *Skeggi*; Flexion: *Skeggi, Skeggja, Skeggja, Skeggja*; *Miðfjarðar-*

Bǫrn Ingibjargar ok Illuga váru[44] mǫrg,[45] en fá koma við þessa sǫgu. Hermundr[46] hét sonr þeira,[47] en annarr Gunnlaugr.[48] Báðir váru þeir efniligir menn.

Eitt[49] sumar er[50] þat sagt,[51] at skip kom[52] af hafi[53] í Gufuárós.[54] Bergfinnr[55] er nefndr[56] stýrimaðr fyrir skipinu,[57] norrœnn at ætt, auðigr at fé ok heldr við aldr.[58] Hann var vitr maðr.

Þorsteinn bóndi reið[59] til skips ok tók við[60] stýrimanninum.[61] Bergfinnr var fátalaðr of vetrinn,[62] en Þorsteinn veitti[63] honum[64] vel. Austmaðrinn hendi mikit gaman at draumum.[65]

Um várit einn dag rœddi[66] Þorsteinn um við[67] Bergfinn, ef hann vildi[68] ríða með honum upp undir Valfell. Þar var þá þingstǫð[69] þeira Borgfirðinga. En Þorsteini var

---

Skeggja: des Miðfjarðar-Skeggi, des Skeggi aus dem Mitt-Fjord.

44 *váru*: sie waren (Inf.: *vera*).

45 *bǫrn ... mǫrg*: Kinder ... viele.

46 *Hermundr*: Nom. Sg. des Männernamens *Hermundr*; Flexion: *Hermundr, Hermundar, Hermundi, Hermund.*

47 *þeira*: deren, ihr, Gen. Pl. 3. Pers. n. des Personalpronomens (*þeir, þær, þau*: sie (m.), sie (f.), sie (n.)).

48 *Gunnlaugr*: Nom. Sg. des Männernamens *Gunnlaugr*; Flexion: *Gunnlaugr, Gunnlaugs, Gunnlaugi, Gunnlaug.* Gunnlaugr Illugason ist der Protagonist der Saga.

49 *eitt*: ein, eines (*einn, ein, eitt*: einer, eine, ein/eines).

50 *er*: er, sie, es ist (Inf.: *vera*).

51 *er* ... sagt: ist gesagt (Inf.: *segja*).

52 *kom*: er, sie, es kam (Inf.: *koma*).

53 *af hafi*: vom Meer (*haf, hafs* n.: Hohe See, Meer).

54 *í Gufuárós*: in die Mündung der Gufuá (*á, ár* f.: Fluss; *óss, óss/ósar* m.: (Fluss-)Mündung).

55 *Bergfinnr*: Nom. Sg. des Männernamens *Bergfinnr*; Flexion: *Bergfinnr, Bergfinnar, Bergfinni, Bergfinn.*

56 *nefndr*: genannt (Inf.: *nefna*).

57 *skipinu*: dem Schiff (Dat. Sg. n. mit def. suff. Art.).

58 *heldr við aldr*: eher alt, schon recht alt, in fortgeschrittenem Alter.

59 *reið*: er, sie, es ritt (Inf.: *ríða*).

60 *tók við*: er nahm (als Gast) auf (Inf.: *taka*).

61 *stýrimanninum*: den Steuermann, den Kapitän (Dat. Sg. m. mit def. suff. Art.).

62 *of vetrinn*: den Winter über (Akk. Sg. m. mit def. suff. Art.; *vetr, vetrar* m.: Winter).

63 *veitti*: er, sie, es gewährte (Inf.: *veita*).

64 *honum*: ihm, Dat. Sg. 3. Pers. m. des Personalpronomens.

65 *hendi*: er, sie, es griff (Inf.: *henda*) hier: *hendi mikit gaman at draumum*: er hatte große Freude an Träumen.

66 *rœddi*: er, sie, es sprach (Inf.: *rœða*).

67 *um við*: zu *rœða*, d. h. ansprechen, vorschlagen, anfragen.

68 *vildi*: er, sie, es würde wollen (Inf.: *vilja*).

69 Unter einem Thing (*þing, þings* n.) versteht man eine Gerichtsversammlung auf einem bestimmten Platz, die zu festgesetzten Zeiten stattfindet. Größtes Thing auf Island war das Alþing auf Þingvellir um die Zeit der Sommersonnenwende.

sagt, at fallnir[70] væri[71] búðarveggir[72] hans.[73] Austmaðrinn kvezk[74] þat víst vilja, ok riðu[75] þeir heiman. Ok er[76] þeir koma til búðartóptanna, þá tóku[77] þeir til starfs[78] ok fœrðu[79] út veggina. Veðrit var heitt af sólu, ok varð[80] þeim[81] Þorsteini ok Austmanni erfitt. Ok er þeir hǫfðu[82] út fœrt[83] veggina, þá settisk[84] Þorsteinn niðr ok Austmaðr, ok sofnaði[85] Þorsteinn ok lét[86] illa í svefni.[87]

---

70 *fallnir*: eingestürzt (Inf.: *falla*); Part. Perf. attributiv zu *búðarveggir*.

71 *væri*: sie wären (Inf.: *vera*).

72 *búðarveggir: Zeltwände, Budenwände (búðarveggr, búðarveggjar/búðarveggs* m.: Zeltwand, Budenwand). Während des temporären, nur wenige Wochen dauernden Aufenthalts auf einem Thing wohnten die Teilnehmer in schnell zu errichtenden, zeltartigen Behausungen. Sie bestanden vermutlich aus Holzgerüsten oder aus Wänden, die aus Steinen und Grassoden errichtet waren. Die Wände blieben das ganze Jahr über stehen, auch dann, wenn niemand in den Behausungen wohnte.

73 *hans*: sein(e), Gen. Sg. 3. Pers. Sg. m. des Personalpronomens.

74 *kvezk*: er, sie, es sagt, dass er (AcI-Einleitung; Inf.: *kveða*).

75 *riðu*: sie ritten (Inf.: *ríða*).

76 *er*: als (Konjunktion).

77 *tóku til*: sie nahmen auf, fingen an mit (Inf.: *taka*).

78 *til starfs*: die Arbeit (*starf, starfs* n.: Arbeit, Mühe).

79 *fœrðu*: sie führten aus, errichteten (Inf.: *fœra*).

80 *varð*: er, sie, es wurde (Inf.: *verða*).

81 *þeim*: ihnen (Dat. Pl.).

82 *hǫfðu*: sie hatten (Inf.: *hafa*).

83 *út fœrt*: ausgeführt, errichtet (Part. Perf. zu Inf.: *fœra*).

84 *settisk*: sie setzten sich (reflexives Mediopassiv; Lemma: *setja*, Inf.: *setjask*).

85 *sofnaði*: er, sie, es schlief ein (Inf.: *sofna*).

86 *lét*: er, sie, es ließ, verhielt sich (Inf.: *láta*).

87 *í svefni*: im Schlaf (*svefn, svefns* m.: Schlaf, Traumzustand, Traum).

Übungen

Um mit dem vorliegenden Norrönen Lern- und Arbeitsbuch erfolgreich arbeiten zu können, benötigen Sie zwei zusätzliche Hilfsmittel: ein Wörterbuch und eine Grammatik. In den folgenden Aufgaben 1. und 2. lernen Sie diese beiden Hilfsmittel genauer kennen.

Arbeit mit dem Wörterbuch von Walter Baetke

1. Machen Sie sich mit dem Wörterbuch von Walter Baetke vertraut, einem der grundlegenden Wörterbücher für das Altnordische.[88] Sie können das Wörterbuch auch herunterladen:
http://emedien.ub.uni-greifswald.de/ebooks/altnord-wb/baetke_digital.pdf

1.1 Lesen Sie Text 1 durch. Der Text enthält einige Zeichen, die Sie aus dem lateinischen Alphabet nicht kennen, zum Beispiel in: *hǫfðingi, þenna, maðr.* Finden Sie, wo im Wörterbuch diese Zeichen eingeordnet sind, indem Sie die ‚Nachbarn' notieren.

———*ǫ*———
———*þ*———

Achtung: *ð* kann nicht im Anlaut stehen! Suchen Sie in Text 1, Zeile 1–13, alle Wörter auf (Eigennamen ausgenommen), die dieses Zeichen enthalten und schlagen Sie sie im Wörterbuch auf. Was stellen Sie bezüglich der Position von *ð* im Alphabet fest?

____
____
____
____

1.2 Erläutern Sie den Aufbau der Einträge zu den Beispielen *heita* und *vera*, indem Sie sich zu folgenden Fragen Notizen machen:

1.2.1 Was ist in den Klammern hinter dem Infinitiv angegeben?

____
____

1.2.2 Welche Funktion haben die römischen Zahlen?

____
____

[88] Baetke, Walter ([8]2008): Wörterbuch zur altnordischen Prosaliteratur. 8. unveränderte Auflage 2008. Berlin: Akademie Verlag. Digitale Ausgabe von 2006: http://emedien.ub.uni-greifswald.de/ebooks/altnord-wb/baetke_digital.pdf (20.04.2021).

1.2.3 Welche Funktion haben die arabischen Ziffern?

____

____

1.2.4 Welche Funktion hat die Interpunktion? Erklären Sie dies am Beispiel von I.1. in den Ausführungen zu *vera*.

____

____

____

____

1.2.5 Vergewissern Sie sich, ob Sie alle gebrauchten Abkürzungen auf Anhieb verstehen:

inf. ____________________________
p. pf. ____________________________
praep. ____________________________
adv. ____________________________
rec. ____________________________
acc. ____________________________
p. prs. ____________________________
m. ____________________________
f. ____________________________
n. ____________________________
sg. ____________________________
pl. ____________________________

Wo finden Sie die Abkürzungen im Wörterbuch?

____

____

1.2.6 Erläutern Sie die Anordnung in II. in den Einträgen zu *heita* und *vera*.

____

____

____

____

1.2.7 Wie ist der Aufbau der Einträge zu Substantiven? Erläutern Sie am Beispiel von *maðr*.

____

____

____

Arbeit mit der Grammatik von Odd Einar Haugen

2. Machen Sie sich mit der Grammatik von Odd Einar Haugen vertraut.[89] Sie können diese Grammatik entweder als Druckausgabe beim Helmut Buske Verlag erwerben oder als digitale Ausgabe bei der Universität Bergen herunterladen.

2.1 Suchen Sie im Wortregister der Grammatik die Vokabeln *vǫllr, mikill* und *vera* und notieren Sie, auf welchen Seiten der Grammatik und unter welchen Kapitelüberschriften des Inhaltsverzeichnisses diese verzeichnet sind.

2.2

Haugen, S. 72, § 33.2

Schlagen Sie das Lemma (Stichwort) *móðir* im Wörterbuch von Walter Baetke auf und vermerken Sie, wie der Nominativ und Akkusativ Plural lauten.

2.2.1 Vergleichen Sie die Orthographie mit der der Grammatik.

2.2.2

Haugen, S. 15; 17–18 (§§ 5; 7)

Was schreibt Haugen in seiner Grammatik über seine Entscheidung hinsichtlich der Orthographie?

89 Haugen, Odd Einar (^{1}2013, ^{2}2015): Norröne Grammatik im Überblick. 2., wenig veränderte Auflage 2015. Hamburg: Buske. Digitale Ausgaben: http://folk.uib.no/hnooh/Grammatik/ (20.04.2021)

Wenn Sie sich unsicher in der grammatischen Terminologie fühlen, gehen Sie zu **Service Grammatik.**

3. Übersetzen Sie Text 1.

Flexion starker maskuliner Substantive

4.

Haugen S. 61–67 (§§ 25–29.1)

Lernen Sie die Paradigmen der starken maskulinen Substantive für die
a-Klasse: *armr* m. 'Arm'
i-Klasse: *gestr* m. 'Gast'
u-Klasse: *vǫllr* m. 'Feld'
r-Klasse: *nagl* m. 'Nagel'
und wiederholen Sie sie an den folgenden Tagen mehrfach.

4.1 Wenden Sie das Gelernte an, indem Sie die Paradigmen vervollständigen.

	Sg.	**Pl.**		**Sg.**	**Pl.**
N	*dagr* m. 'Tag'		**N**	*konungr* m. 'König'	
G			**G**		
D			**D**		
A			**A**		
	Sg.	**Pl.**		**Sg.**	**Pl.**
N	*vetr* m. 'Winter'		**N**	*þáttr* m. 'Strang, Textstück'	
G			**G**		
D			**D**		
A			**A**		

	Sg.	Pl.		Sg.	Pl.
N	*lýðr* m. 'Volk'		N	*vinr* m. 'Freund'	
G			G		
D			D		
A			A		
	Sg.	**Pl.**		**Sg.**	**Pl.**
N	*hamr* m. 'Gestalt'		N	*ǫrn* m. 'Adler'	
G			G		
D			D		
A			A		

Flexion von Verwandtschaftsbezeichnungen

5.

Haugen, S. 65; 67–68; 72 (§§ 28; 29,2; 33.2)

Suchen Sie aus Text 1 alle Verwandtschaftsbezeichnungen und alle Formen des Wortes *maðr* 'Mann' heraus und bestimmen Sie Kasus, Numerus, Genus. Doppelt auftretende Formen sollen Sie nur einmal nennen. Übersetzen Sie und lernen Sie die Flexion dieser Wörter auswendig.

Verwandtschaftsbezeichnungen aus Text 1, Z. …	Kasus	Numerus	Genus	Übersetzung

Verwandtschaftsbezeichnungen aus Text 1, Z. ...	Kasus	Numerus	Genus	Übersetzung

maðr aus Text 1, Z. ...	Kasus	Numerus	Genus	Übersetzung

Flexion der Personalpronomen

6.

Haugen, S. 99–101 (§§ 66–67.3)

In folgendem Paradigma finden Sie die Personalpronomen, die in Text 1 vorkommen. Vervollständigen Sie das Paradigma und lernen Sie die Personalpronomen.

Sg.		1. Pers.	2. Pers.	3. Pers. m.	f.	n.
	N			*hann*		*þat*
	G			*hans*		
	D			*honum*		
	A					*þat*

Dual	N			
	G			
	D			
	A			
Pl.	N			*þeir* *þau*
	G			*þeir(r)a*
	D			*þeim*
	A			

Flexion des Possessivpronomens der 3. Person Singular

7.

Haugen, S. 91–92 (§§ 55–56.3)

Flektieren Sie das Possessivpronomen der 3. Person Singular und achten Sie auf lange und kurze Wurzelvokale. Lernen Sie dieses Paradigma.

		m.	f.	n.
Sg.	N	*sinn*		
	G			
	D			
	A			
Pl.		*m.*	f.	n.
	N	*sínir*		
	G			
	D			
	A			

7.1 Was stellen Sie bezüglich der Paradigmen von *minn* 'mein' und *þinn* 'dein' fest?

____

____

____

Eine Erläuterung zu dieser Übung finden Sie in **Service Grammatik**.

Aufbau eines Wortschatzes

8. Übertragen Sie die folgenden Vokabeln in ein Vokabelheft oder auf Karteikarten. Lernen Sie diese in kleinen Portionen von maximal 10 Wörtern. Es hilft Ihrem Kopf, wenn Sie sie mit der Hand schreiben und laut lernen.
Ihr Gehirn unterscheidet zwischen wichtig und unwichtig. Als wichtig wird nur eingestuft, was oft wiederholt wird. Was nicht oft wiederholt wird, wird Opfer der ‚Löschtaste'.

heita, hét, hétu, heitit[90]	heißen
maðr/mann,[91] manns m.[92]	Mann, Mensch
vera, var, váru, verit	sein
sonr, sonar m.	Sohn
ór	aus
en	und, aber
móðir, móður f.	Mutter
dóttir, dóttur f.	Tochter
búa, bjó, bjuggu, búit	wohnen
fé, fjár n.	Geld, Vermögen, Vieh
ætt, ættar f.	Familie, Geschlecht
bóndi, bónda m.	Bauer
dagr, dags m.	Tag
verða, varð, urðu, orðit	werden
mikill, mikil, mikit[93]	mächtig, groß
vænn, væn, vænt	aussichtsreich, schön
eiga, á, eigu, átti, átt	besitzen
barn, barns n.	Kind
saga, sǫgu f.	Geschichte
halda, helt, heldu, haldit	halten
margr, mǫrg, mart	manch, viel
við	bei, mit
í	in, an
á	in, an, auf

90 Lernen Sie die Stammformen aller Verben von Anfang an mit, auch wenn die Stammformen nicht in den ersten Lektionen thematisiert werden. Für eine erste Orientierung sehen Sie sich Haugen, S. 104–108 (§§ 71–75.2) an.

91 Im Nom. Sg. sind beide Formen gebräuchlich.

92 Lernen Sie bei allen Substativen von Anfang an den Nom. Sg. und den Gen. Sg. Das gibt Ihnen in vielen Fällen Hinweise auf Genus und Flexionsklasse und hilft Ihnen, das Wort im syntaktischen und grammatischen Kontext beim Übersetzen richtig zu bestimmen.

93 Lernen Sie bei allen Adjektiven die angegebenen Formen im Nom. Sg. m., f. und n. von Anfang an mit.

skip, skips n.	Schiff
vitr, vitr, vitrt	klug
vár, várs n.	Frühling
ríða, reið, riðu, riðit	reiten
sofna, sofnaði, sofnat	einschlafen
vinr, vinar m.	Freund

Das Altnordische in seiner Sprachfamilie

9.

Haugen, S. 11–18 (§§ 1–7)

Lesen Sie in der Grammatik von Haugen das Kapitel 1 „Die Norröne Sprache" und machen Sie sich Notizen zu den folgenden Fragen.

9.1 In welchen heutigen Ländern wurde im Mittelalter die norröne Sprache gesprochen?

____

____

____

____

9.2 Wann setzt Haugen Beginn und Ende der Verwendung der norrönen Sprache an?

____

____

____

____

9.3 Was bedeutet die Bezeichnung *dǫnsk tunga*?

____

____

____

____

9.4 Welche Sprachen sind dem Ostnordischen, welche dem Westnordischen zuzuordnen?

____

____

____

____

9.5 Ab wann ist zwischen einem südnordischen und einem nordnordischen Zweig zu unterscheiden?

9.6 Welche Sprachen sind diesen Zweigen zuzuordnen?

9.7 Was kennzeichnet den Zeitraum 1050–1350?

9.8 Wie ist das besonders nahe Verhältnis zwischen Island und Norwegen bis zum 15. Jh. zu charakterisieren?

9.9 Welche Unterschiede in der Sprachgeschichte sind für Norwegen, Schweden und Dänemark einerseits, für Island andererseits nach 1350 festzustellen?

9.10 Welche Informationen über Runen entnehmen Sie dem Text?

9.11 Wie hängen lateinisches Alphabet und Christentum für England, Norwegen und Island zusammen?

9.12 Was ist der Unterschied zwischen normalisierter und nicht normalisierter Orthographie?

____

____

____

____

9.13 Wer schrieb im Mittelalter Texte auf? Und wo wurde geschrieben?

____

____

____

____

9.14 Was wissen Sie über die beiden Arten der Aussprache des Norrönen?[94]

____

____

____

____

10.

Haugen, S. 19–28 (§§ 8–13)

Zur Arbeit mit der Grammatik von Haugen, Kapitel 2 „Lautlehre“ legen Sie sich ein kleines Glossar an, in das Sie alle für Sie neuen Fachbegriffe aufnehmen.

➔ Tipp:
Der Einstieg in eine neue Sprache braucht Zeit und Übung. Die zentralen Paradigmen aller Pronomen, der Verwandtschaftsbezeichnungen und des häufigen Wortes *maðr* lernt man am besten durch Wiederholung: Schreiben Sie Karteikarten und schauen Sie diese immer wieder an.

94 Das laute Lesen kann Ihnen den Einstieg in eine Übersetzung erleichtern. Sprechen Sie sich mit Ihrer Dozentin oder Ihrem Dozenten ab, welche Aussprache in Ihrem Kurs praktiziert werden soll.

Lektion 1+: Vertiefung, Erweiterung

1. Überprüfen Sie Ihr Wissen. (Die Lösungen finden Sie auf S. 138 ff.).

1.1 Übersetzen Sie aus dem Kopf.

Hann var hǫfðingi.

____

Oddr hét maðr.

____

Hann bjó á Breiðabólsstað.

____

Þuríðr hét dóttir Odds.

____

Þau áttu fjǫgur bǫrn.[95]

____

Helgi var bróðir Þorkels.

____

Þær systr.

____

Þenna tíma.

____

Þau Oddr.

____

1.2 Füllen Sie die Lücken.

Norrön ist die Sprache, die im Mittelalter in ____________________

____

____

____

[95] *bǫrn*: Akk. Pl. von *barn, barns* n.

gesprochen und geschrieben wurde. Im Norden Norwegens und Schwedens wurde ______________________ gesprochen. Die Sprachstufe vor dem Altnordischen wird als ______________________ bezeichnet, sie endet etwa um ______________________. Bis zur Mitte des ______________________ Jahrhunderts kann man von einer gemeinsamen Sprache des Nordens ausgehen, die der große isländische Gelehrte ______________________ als dǫnsk tunga bezeichnet. Ab der Mitte des ______________________ Jahrhunderts werden die Unterschiede zwischen den nordischen Sprachen deutlicher. Sie werden als __________________ für Norwegen, als __________________ für Schweden und als __________________ für Dänemark bezeichnet. Im Norrönen gibt es die Diphthonge ______________________. Die Vokale __________________________ kommen in schwachtoniger Stellung vor.

1.3 Ordnen Sie die richtige Übersetzung zu, indem Sie die entsprechende Ziffer zuordnen. Nehmen Sie dabei die Fußnoten der Lektion 1 zu Hilfe.

Altnordischer Text		**Zuordnung**	**Ziffer**	**Übersetzung**
Hann vildi ríða með honum.	A		1	Vom Meer kam ein Schiff.
Hann var hersir mikill.	B		2	Dort war zu der Zeit eine Gerichtsstätte.
Skip kom af hafi.	C		3	Sie ritten von zu Hause fort.
Þau áttu barna.	D		4	Er wohnte in Borg am Borgarfjord.
Riðu þeir heiman.	E		5	Sie hatten Kinder.
Hann bjó at Borg í Borgarfirði.	F		6	Er wollte mit ihm reiten.
Þar var þá þingstǫð.	G		7	Er war ein mächtiger Befehlshaber (Herse).

Lektion 2

Einleitung: Was Sie in dieser Lektion lernen

- Dass Sie beim Übersetzen systematisch vorgehen müssen.
- Wie das einfache Demonstrativpronomen und Quantoren flektiert werden.
- Wie das Präteritum im Altnordischen gebildet wird.
- Dass das Altnordische den definiten Artikel als Suffix an ein Substantiv anfügt.
- Wie der definite Artikel flektiert wird.
- Was man unter phonologischen und morphologischen Regeln versteht.
- Wie Ihnen die Kenntnis wichtiger phonologischer und morphologischer Regeln hilft, das jeweilige Lemma im Wörterbuch zu finden.

Text 2

Austmaðr sat[1] hjá honum ok lét hann njóta draums síns, ok er hann vaknaði,[2] var honum erfitt orðit. Austmaðr spurði,[3] hvat hann hefði[4] dreymt,[5] er hann lét svá illa í svefni. Þorsteinn svaraði:[6] „Þat dreymði[7] mik, at ek þóttumk[8] heima vera at Borg ok sá[9] ek upp á húsin álpt eina væna ok fagra, ok þóttumk ek eiga. Þá sá ek fljúga ofan frá[10] fjǫllunum[11] ǫrn mikinn.[12] Hann fló[13] hingat ok settisk hjá álptinni ok klakaði[14] við hana blíðliga, ok hon þótti[15] mér þat vel þekkjask.[16] Þá sá ek, at ǫrninn var svarteygr ok járnklœr[17] váru á honum. Vaskligr sýndisk[18] mér hann. Því næst sá ek

---

1 *sat*: er, sie, es saß (Inf.: *sitja*).
2 *vaknaði*: er, sie, es erwachte (Inf.: *vakna*).
3 *spurði*: er, sie, es fragte (Inf.: *spyrja*).
4 *hefði*: er, sie, es hätte (Konj. Prät; Inf.: *hafa*).
5 *dreymt*: geträumt (Inf.: *dreyma*).
6 *svaraði*: er, sie, es antwortete (Inf.: *svara*).
7 *dreymði*: er, sie, es träumte (Inf.: *dreyma*).
8 *þóttumk*: ich dachte, dass ich (AcI-Einleitung; Inf.: *þykkja*).
9 *sá*: ich sah (Inf.: *sjá*).
10 *frá*: von, von ... weg, von ... her (Präposition).
11 *fjǫllunum*: den Bergen (*fjall*, *fjalls* n.: Berg, Gebirge).
12 *mikinn*: Akk. Sg. m. von *mikill*.
13 *fló*: er, sie, es flog (Inf.: *fljúga*).
14 *klakaði*: er schwatzte, zwitscherte (Inf.: *klak(k)a*).
15 *þótti*: er, sie, es dachte (Inf.: *þykkja*).
16 *þekkjask*: sie geht darauf ein, stimmt zu (Lemma: *þekkja*, Inf.: *þekkjask*).
17 *jarnklœr*: Eisenklauen, Eisenkrallen (Nom. Sg. f.: *kló*).
18 *sýndisk*: er, sie, es erschien, kam vor (Lemma: *sýna*, Inf.: *sýnask*).

fljúga annan fugl af suðrætt.[19] Sá fló hingat til Borgar ok settisk á húsin hjá álptinni ok vildi þýðask[20] hana. Þat var ok ǫrn mikill. Brátt þótti mér sá ǫrninn, er[21] fyrir var, ýfask[22] mjǫk, er hinn kom til, ok þeir bǫrðusk[23] snarpliga ok lengi, ok þat sá ek, at hvárumtveggja[24] blœddi.[25] Ok váru þá báðir dauðir, en álptin sat eptir hnipin mjǫk ok daprlig. Ok þá sá ek fljúga fugl ór vestri. Þat var valr. Hann settisk hjá álptinni ok lét blítt við hana. Ok síðan flugu[26] þau í brott bæði samt í sǫmu[27] ætt, ok þá vaknaða ek."

Austmaðr mælti:[28] „Fuglar þeir munu[29] vera manna fylgjur.[30] En húsfreyja þín er eigi heil, ok mun[31] hon fœða[32] meybarn fagrt, ok munt[33] þú unna[34] því mikit. En gǫfgir[35] menn munu biðja[36] dóttur þinnar ór þeim ættum, sem[37] þér þóttu[38] ernirnir fljúga at, ok leggja[39] á hana ofrást[40] ok berjask[41] of hana ok látask[42] báðir af því efni. Ok því næst mun inn þriði maðr biðja hennar ór þeiri ætt, er valrinn fló at, ok þeim mun hon gipt vera.[43] Nú hefi[44] ek þýddan[45] draum þinn."

---

[19] *af suðrætt*: aus südlicher Himmelsrichtung, aus Süden (*ætt, ættar* f.: Himmelsrichtung, Geschlecht, Sippe, Familie).

[20] *þýðask*: sich jemandem zum Freunde machen (Lemma: *þýða*, Inf.: *þýðask*).

[21] *er*: der, welcher (Relativpronomen, indeklinabel; *er*: der, die, das; welcher, welche, welches).

[22] *ýfask*: feindlich gestimmt werden (Lemma: *ýfa*, Inf.: *ýfask*).

[23] *bǫrðusk*: sie kämpften miteinander (Lemma: *berja*, Inf.: *berjask*).

[24] *hvárumtveggja*: ein jeder von beiden (*hvárrtveggja, hvártveggja, hvárttveggja*: jeder von beiden, jede von beiden, jedes von beiden).

[25] *blœddi*: sie bluteten (Konj. Prät.; Inf.: *blœða*).

[26] *flugu*: sie flogen (Inf.: *fljúga*).

[27] *sǫmu*: dieselbe (Akk. Sg. f.; schw. Adj.; *samr, sǫm, samt*: derselbe, dieselbe, dasselbe).

[28] *mælti*: er, sie, es sagte, sprach (Inf.: *mæla*).

[29] *munu*: werden (Inf.: *munu*; pp.vb.).

[30] *fylgjur*: Folgegeister (*fylgja, fylgju* f.: Gefolge, Schutzgeist, Folgegeist). Man glaubte, dass Folgegeister z. B. die Ankunft bestimmter Personen ankündigen konnten. Visionäre Erscheinungen wie Folgegeister deutete man oft als Prophezeiungen für zukünftige Ereignisse.

[31] *mun*: er, sie, es wird (Inf.: *munu*; pp.vb.).

[32] *fœða*: gebären (Inf.: *fœða*).

[33] *munt*: du wirst (Inf.: *munu*; pp.vb.).

[34] *unna*: lieben (Inf.: *unna*; pp.vb.).

[35] *gǫfgir*: angesehene (Nom. Pl. m.; st. Adj.; *gǫfugr/gǫfigr*: vornehm, angesehen).

[36] *biðja*: bitten, verlangen; hier: um eine Frau werben (Inf.: *biðja*).

[37] *sem*: aus welchen (Relativpronomen, indeklinabel; *sem*: der, die, das).

[38] *þóttu*: sie schienen (Inf.: *þykkja*).

[39] *leggja*: legen (Inf.: *leggja*).

[40] *ofrást*: leidenschaftliche Liebe (Nom. Sg. f.: *ofrást*).

[41] *berjask*: sie kämpfen miteinander (Lemma: *berja*, Inf.: *berjask*).

[42] *látask*: sie sterben (Lemma: láta, Inf.: *látask*).

[43] *gipt vera*: verheiratet sein (Inf.: *gipta*: verheiraten).

Þorsteinn svarar:[46] „Illa er draumr ráðinn,“[47] sagði[48] hann, „ok munt þú ekki drauma ráða kunna.“ Þorsteinn lagði[49] fæð á Austmanninn, ok fór[50] hann á brott um sumarit, ok er hann nú ór sǫgunni.

Um sumarit bjósk[51] Þorsteinn til þings ok mælti til Jófríðar húsfreyju, áðr hann fór heiman: „Þú ert með barni, ok skal[52] þat barn út bera,[53] ef þú fœðir meybarn, en upp fœða, ef sveinn er.“ Þá svarar Jófríðr: „Þetta er óþínsliga mælt,“[54] segir[55] hon, „ok mun þér eigi sýnask[56] þetta at láta gera, svá auðigr maðr sem[57] þú ert.“[58]

Síðan reið hann[59] til þings, en Jófríðr fœddi[60] meðan meybarn fagrt. Konur vildu[61] þat bera at henni, en hon lét þangat kalla smalamann sinn, er Þorvarðr[62] hét, ok mælti hon: „Hest minn skaltu[63] taka ok leggja sǫðul á ok fœra barn þetta vestr í Hjarðarholt Þorgerði Egilsdóttur.[64] Ok bið[65] hana upp fœða með leynd, svá at Þorsteinn verði[66] eigi varr við, ok eigi nenni[67] ek, at þat sé út borit.[68] En hér eru

---

44 *hefi*: ich habe (Inf.: *hafa*).
45 *þyddan*: gedeutet (Inf.: *þýða*; Part. Perf., richtet sich in den grammatischen Kategorien nach *draum*).
46 *svarar*: er, sie, es antwortet (Inf.: *svara*).
47 *ráðinn*: gedeutet (Inf.: *ráða*; Part. Perf., richtet sich sich in den grammatischen Kategorien nach *draumr*).
48 *sagði*: er, sie, es sagte (Inf.: *segja*).
49 *lagði*: er, sie, es legte (Inf.: *leggja*).
50 *fór*: er, sie, es fuhr, ging (Inf.: *fara*).
51 *bjósk*: er, sie, es rüstete sich, machte sich bereit (Lemma: *búa*, Inf.: *búask*).
52 *skal*: er, sie, es soll, wird (Inf.: *skulu*; pp.vb.).
53 *út bera*: hinaustragen, aussetzen. Das Aussetzen von Kindern war weit verbreitet, wurde aber bei wohlhabenden Familien, die für die Ernährung der Kinder sorgen konnten, als ungebührlich angesehen. Es war insbesondere nach Einführung des Christentums um das Jahr 1000 in Island aus ethischen Gründen verboten.
54 *mælt*: gesprochen (Part. Perf.; Inf.: *mæla*).
55 *segir*: er, sie, es sagt (Inf.: *segja*).
56 *ok mun þér eigi sýnask*: und es wird dir nicht scheinen, und es wird dir nicht in den Sinn kommen.
57 *sem*: wie (Konjunktion).
58 *ert*: du bist (Inf.: *vera*).
59 *hann*: gemeint ist Þorsteinn.
60 *fœddi*: sie gebar (Inf.: *fœða*).
61 *vildu*: sie wollten (Inf.: *vilja*).
62 *Þorvarðr*: Nom Sg. des Männernamens *Þorvarðr*; Flexion: *Þorvarðr, Þorvarðar, Þorvarði, Þorvarð*.
63 *skaltu*: du sollst (Inf.: *skulu*; pp.vb.).
64 Þorgerðr Egilsdóttir, die auf dem Hof Hjarðarholt lebt, ist also die Schwester von Þorsteinn Egilsson und damit Jófríðs Schwägerin.
65 *bið*: bitte! (Imperativ; Inf.: *biðja*).
66 *verði*: er, sie, es möge werden (Konj. Präsens; Inf.: *verða*).
67 *nenni*: ich habe das Herz zu, habe Lust zu, bringe es fertig zu (Inf.: *nenna*).
68 *borit*: getragen (Part. Perf.; Inf.: *bera*); *út borit*: ausgesetzt, hinaus getragen.

þrjár merkr silfrs, er þú skalt[69] hafa at verkkaupi. En Þorgerðr skal fá[70] þér fari vestr þar ok vist um haf."

Þorvarðr gerði,[71] sem hon mælti. Síðan reið hann vestr í Hjarðarholt með barnit ok fekk[72] Þorgerði í hendr. En hon tók[73] Þorvarði fari norðr í Steingrímsfirði í Skeljavík ok vist of haf, ok fór hann þar útan, ok er hann nú ór sǫgunni.

---

69 *skalt*: du sollst (Inf.: *skulu*; pp.vb.).
70 *fá*: bekommen, verschaffen, erhalten (Inf.: *fá*).
71 *gerði*: er, sie, es tat, machte (Inf.: *gera*).
72 *fekk*: er, sie, es bekam, übergab (Inf.: *fá*).
73 *tók*: er, sie, es gab, nahm, verschaffte (Inf.: *taka*).

Übungen

1. Bereiten Sie Ihre Übersetzung systematisch vor, indem Sie zuerst das Prädikat jedes Satzes bestimmen und dann das dazugehörende Subjekt:

   Prädikate: *Eitt sumar* ***er*** *þat* ***sagt****, at skip* ***kom*** *...*
   Subjekte: *Eitt sumar er* ***þat*** *sagt, at* ***skip*** *kom ...*

   Prädikate: *Þorsteinn bóndi* ***reið*** *til skips ok* ***tók við*** *stýrimanninum.*
   Subjekt: ***Þorsteinn bóndi*** *reið til skips ok tók við stýrimanninum.*

   Wenn Sie sich bei der Segmentierung von Satzgliedern unsicher fühlen, gehen Sie zu **Service Grammatik.**

2. Übersetzen Sie Text 2.

Flexion des einfachen Demonstrativpronomens

Flexion von Quantoren

3. **Haugen, S. 91–93; 99–103 (§§ 55–58.4; 66–70)**

   Suchen Sie aus Text 2 alle Personal-, Possessiv-, Demonstrativpronomen und Quantoren heraus. Bestimmen Sie Kasus, Numerus, Genus entsprechend dem grammatischen Kontext und übersetzen Sie. Doppelt auftretende Formen sollen Sie nur einmal nennen.

	Text 2, Z. ...	**Kasus**	**Numerus**	**Genus**	**Übersetzung**
Personalpronomen					

	Text 2, Z. ...	Kasus	Numerus	Genus	Übersetzung
Possessivpronomen					
Demonstrativpronomen					
Quantoren					

4.

Haugen, S. 56; 88; 92 (§§ 23; 52.1; 58)

Flektieren Sie die Quantoren *allr* 'ganz, vollständig', *allir* 'alle' und *hverr* 'jeder' in allen Kasus, Numeri und Genera. Lernen Sie die Paradigmen.

		m.	f.	n.
Sg.	N	*allr*		
	G			
	D			
	A			

Pl.		m.	f.	n.
	N			
	G			
	D			
	A			

Sg.		m.	f.	n.
	N	*hverr*		
	G			
	D			
	A			
Pl.		m.	f.	n.
	N			
	G			
	D			
	A			

5.

Haugen, S. 101–102 (§ 69)

Flektieren Sie: *tveir menn, fjórir brǿðr* und *báðar systr*.

Pl.	N	*tveir menn*	*fjórir brǿðr*	*báðar systr*
	G			
	D			
	A			

Bildung des Präteritums

6. Vergleichen Sie, wie die folgenden Verben aus Text 1 oder 2 das Präteritum bilden:

Infinitiv	**Personalform im Präteritum**
koma	*(skip) kom*
vera	*(hann) var*
taka	*(Þorsteinn) tók*
veita	*(Þorsteinn) veitti*
henda	*(Austmaðrinn) hendi*
rœða	*(Þorsteinn) rœddi*

6.1

Haugen S. 106 (§ 74)

Entnehmen Sie der Grammatik, wie diese beiden Flexionen heißen, und ordnen Sie sodann die Personalformen der Verben in Zeile 1–14 von Text 2 einer der beiden Gruppen zu.

Prät. mit Dentalsuffix	Prät. mit Vokalwechsel
Name der Flexion:	**Name der Flexion:**

Zu dieser Übung finden Sie auch einen Eintrag in **Service Grammatik**.

Flexion des definiten suffigierten Artikels

7. In Text 1 finden Sie Substantive mit definitem suffigiertem Artikel. Tragen Sie in die Tabelle sieben weitere (verschiedene) Substantive mit definitem suffigiertem Artikel ein.

7.1

Haugen, S. 93–95 (§§ 59–59.3)

Trennen Sie die suffigierten Artikel von den Substantiven, wie im Beispiel angegeben.

def. Subst. aus Text 1, Z. ...	Trennung von def. suff. Art. und Subst.
skipinu, Z. 15	*skipi + inu*

7.2

Haugen, S. 40–44 (§§ 19–20)

Schreiben Sie die Substantive in demselben Kasus in der indefiniten Form auf.
Trennen Sie anschließend die indefiniten Substantivformen in Stamm und Endung.
Bestimmen Sie dann Kasus, Numerus und Genus des jeweiligen Substantivs.

def. Subst.	indef. Form	Trennung von Stamm und Endung	Kasus	Numerus	Genus
skipinu	*skipi*	*skip-i*	D.	Sg.	n.

def. Subst.	indef. Form	Trennung von Stamm und Endung	Kasus	Numerus	Genus

Sie finden den definiten suffigierten Artikel auch in den modernen skandinavischen Sprachen. Sehen Sie dazu **Service Grammatik.**

Phonologische und morphologische Regeln

8.

Haugen, S. 29–39; 45–59 (§§ 14–18; 22–23)

Klären Sie mit Hilfe der Grammatik, was unter Umlaut, Brechung, phonologischen und morphologischen Regeln zu verstehen ist:

Umlaut:

____

____

____

Brechung:

____

____

____

phonologische Regeln:

____

____

____

morphologische Regeln:

____

____

____

8.1 Welche Regeln liegen bei den folgenden Wörtern vor?

sǫgur: ____

fjǫrðr: ____

vellir: ____

stóll: ____

eitt: ____

nagl: ____

lǫndum: ____

himinn: ____

sǫngr: ____

8.2

Haugen, S. 58–59 (§ 23)

Lernen Sie je ein Beispiel für die Umlaute, für Brechung und die anderen in der Grammatik von Haugen genannten Regeln und schreiben Sie die Beispiele auf Ihre Karteikarten oder in Ihr Vokabelheft. Sie brauchen diese Beispiele und Regeln immer, wenn Sie das Lemma zu einem Wort im Wörterbuch finden wollen.

9. Vokabeln:

koma, kom, kómu, komit	kommen
bera, bar, báru, borit	tragen
sveinn, sveins m.	Junge
ǫrn, arnar m.	Adler
vestr	nach Westen
sitja, sat, sátu, setit	sitzen
spyrja, spurði, spurt	fragen, erfahren
fá, fekk, fengu, fengit	fangen, bekommen
taka, tók, tóku, tekit	nehmen
mǫrk, merkr f.	Gewicht, Münzeinheit, Mark
hafa, hafði, haft	haben
þá	da, dann
heiman	von daheim weg
láta, lét, létu, látit	lassen

biðja, bað, báðu, beðit	bitten
heima	daheim, zu Hause
segja, sagði, sagt	erzählen, sagen
leggja, lagði, lagt	legen

➔ Tipp:

Schreiben Sie sich die zentralen (in der Grammatik von Haugen umrahmten und grau unterlegten) Paradigmen auf Karteikarten.

In der Grammatik sind bei jedem Paradigma frequente Wörter als Beispiele genannt, die Sie auch Ihrer Kartei hinzufügen können. Notieren Sie Substantive immer in folgender Form: Nominativ, Genitiv, Geschlecht (z. B.: *hestr, hests* m.), wie es auch für Lemmata in Wörterbüchern üblich ist.

Lektion 2+: Vertiefung, Erweiterung

1. Ordnen Sie die Personalformen der Verben in Zeile 13–23 von Text 2 zu. Übergehen Sie dabei die Formen *settisk, berjask* und *látask* sowie alle Formen von munu, unna und kunna (=Präteritopräsentien).

Text 2, Z. …	**Personalform st. Verb**	**Personalform schw. Verb**

2. Finden Sie das jeweilige Lemma:

Flektierte Form	**Übersetzung**	**Lemma**
sǫgurnar	die Erzählungen	
menninir	die Männer	
orðit	geworden	
bǫrnum	Kindern	
velli	(einem) Feld	
firðir	Fjorde	

Flektierte Form	**Übersetzung**	**Lemma**
feðrana	die Väter	
urðum	wir wurden	
møðr	Mütter	
sat	er, sie, es saß	

3. Flektieren Sie
sú móðir, sonr þinn und *sjá dóttir,*
sumr maðr (*sumr* flektiert wie ein Adj., s. Haugen, S. 88, § 52,1).

Sg.	**N**	*sú móðir*	*sonr þinn*	*sjá dóttir*
	G			
	D			
	A			
Pl.	**N**			
	G			
	D			
	A			

Sg.	**N**	*sumr maðr*
	G	
	D	
	A	
Pl.	**N**	
	G	
	D	
	A	

4. Überprüfen Sie Ihr Wissen aus Lektion 1 und 2.

4.1 Übersetzen Sie die folgenden Übungssätze (nach der *Hœnsa-Þóris saga*) aus dem Kopf:

Hann áttu þá konu er Jórunn hét.

____

Torfi hét maðr ok var Valbrandsson.

____

Arngrímr hét maðr, Helgason, Hǫgna sonar.

____

Hann bjó í Norðrtungu.[74]

____

Helgi hét son hans.

____

Þorkell trefill[75] *hét maðr; hann var Rauða-Bjarnarson.*

____

Þorkell trefill var vitr maðr ok auðigr at fé.

____

74 *Norðrtunga*: Ortsname, wörtl. Nordzunge.

75 Beinamen werden nicht übersetzt; *trefill, trefils* m.: Fetzen, Lumpen.

4.2 Tragen Sie Genitiv Singular, Genus und deutsche Übersetzung ein:

Wort	**Gen. Sg.**	**Genus**	**Übersetzung**
maðr	*manns*	m.	Mann, Mensch
barn			
bóndi			
dagr			
dóttir			
fé			
móðir			
saga			
skip			
sonr			
ǽtt			
armr			
gestr			

4.3 Die folgenden Wörter sind Ihnen in den Texten 1 und 2 begegnet.
Ordnen Sie die Formen den genannten Lemmata zu und benennen Sie die phonologischen und morphologischen Regeln, die dazu gehören.

aus Text 1 oder 2	**Zuordnung**	**phon. und morph. Regeln**
(Borgar-)firði		
sǫgu		
eitt		
hǫfðu		

aus Text 1 oder 2	Zuordnung	phon. und morph. Regeln
orðit		
fjǫllunum		
sǫmu		
ernirnir		

Zuordnung zu: *ǫrn* m., *fjǫrðr* m., *einn*, *fjall* n., *saga* f., *samr*, *verða*, *hafa*

5. Aus der *Hálfdanar saga svarta*

Ragnhildi dróttningu dreymði drauma stóra, en hon var spǫk at viti. Sá var einn draumr, er hana dreymði, at hon þóttisk vera stǫdd í grasgarði sínum ok taka þorn einn ór serk sér. En er hon helt á honum, þá óx hann svá, at þat varð teinn mikill, svá at annarr endir tók í jǫrð ok varð brátt rótfastr, en annarr endir tók hátt í lopt upp.

5.1 Höchstens zwei der folgenden Aussagen sind richtig:
1. Ein Traum wird gedeutet.
2. Es geht um einen König.
3. Es geht um einen Kampf.
4. Ein ärmelloses Obergewand wird erwähnt.
5. Es geht um eine Königin.

Richtig sind: ____

5.2 Der Text enthält starke und schwache Verben. Tragen Sie die richtige Anzahl der starken Verben ein. Infinitive und doppelt vorkommende Formen werden mitgezählt.

Starke Verben: ____

Lektion 3

Einleitung: Was Sie in dieser Lektion lernen

- Wie schwache maskuline und schwache feminine Substantive flektiert werden.
- Wie die Ablautklassen der starken Verben aufgebaut sind.
- Wie starke und schwache Verben im Präsens und Präteritum Indikativ flektiert werden.

Text 3

Ok er Þorsteinn kom heim af þingi, þá sagði Jófríðr honum, at barnit er út borit, sem hann hafði fyrir mælt. En smalamaðr var í brott hlaupinn,[1] ok stolit[2] í brott hesti hennar. Þorsteinn kvað[3] hana hafa vel gǫrt[4] ok fekk sér smalamann annan.[5] Nú liðu[6] svá sex vetr. Ok þá reið Þorsteinn til heimboðs vestr í Hjarðarholt, til Óláfs pá, mágs síns, Hǫskuldssonar,[7] er þá þótti vera með mestri virðingu allra hǫfðingja vestr þar. Þorsteini var þar vel fagnat.[8] Ok á einnhvern dag at veizlunni er þat sagt, at Þorgerðr sat á tali við[9] Þorstein, bróður sinn, í ǫndvegi.[10] En Óláfr átti tal við aðra menn. En yfir gegnt[11] þeim á bekkinum sátu[12] meyjar[13] þrjár. Þá mælti Þorgerðr: „Hversu lízk[14] þér, bróðir, á stúlkur[15] þessar, er hér sitja gegnt

---

[1] *hlaupinn*: gelaufen (Part. Perf.; Inf.: *hlaupa*).
[2] *stolit*: gestohlen (Part. Perf.; Inf.: *stela*).
[3] *kvað*: er, sie, es sprach, sagte (Inf.: *kveða*).
[4] *gǫrt*: getan, gehandelt (Part. Perf.; Inf.: *gera*).
[5] *annan*: einen anderen (Akk. Sg. m.; *annarr, ǫnnur, annat*: ein anderer, eine andere, ein anderes).
[6] *liðu*: sie verstrichen, vergingen (Inf.: *líða*).
[7] Óláfr pái Hǫskuldsson, übersetzt Óláfr (der) Pfau Hǫskuldsson. Óláfr trägt den Beinamen Pfau wegen seiner Schönheit und seiner stolzen Sinnesart. Er ist der Mann von Þorgerðr Egilsdóttir und damit der Schwager Þorsteinn Egilssons.
[8] *fagnat*: aufgenommen, willkommen geheißen, begrüßt (Part. Perf.; Inf.: *fagna*).
[9] *sat á tali við*: sie saß beim Gespräch mit, sie saß im Gespräch zusammen mit (Inf.: *sitja*; *tal, tals* n.: Gespräch, Zahl, Sprache).
[10] *ǫndvegi*: dem Hochsitz, dem Podest (*ǫndvegi, ǫndvegis* n.: Hochsitz, Ehrenplatz).
[11] *yfir gengt*: gegenüber.
[12] *sátu*: sie saßen (Inf.: *sitja*).
[13] *meyjar*: Mädchen (Nom. Pl. f.; *mey, meyjar* f.: Mädchen).
[14] *lízk*: sie gefallen, sagen zu (Lemma: *líka*, Inf.: *líkask*).
[15] *stúlkur*: Mädchen (Nom. Pl. f.; *stúlka, stúlku* f.: Mädchen).

okkr?" Hann svarar: „Allvel," segir hann, „ok er þó ein fegrst[16] miklu, ok hefir hon vænleik Óláfs, en hvíti ok yfirbragð várt Mýramanna."[17] Þorgerðr svarar: „Víst er þat satt, er þú segir, bróðir, at hon hefir hvíti ok yfirbragð várt Mýramanna, en eigi vænleik Óláfs pá, því at hon er eigi hans dóttir." „Hversu má[18] þat vera," segir Þorsteinn, „en þó sé[19] hon þín dóttir?" Hon svarar: „Með sannendum at segja þér, frændi," kvað hon, „þá er þessi þín dóttir, en eigi mín, in fagra mær." Ok segir honum síðan allt, sem farit hafði, ok biðr hann fyrirgefa sér ok konu sinni. Þorsteinn mælti: „Ekki kann[20] ek ykkr at ásaka um þetta, ok veltr þangat sem vera vill um flesta hluti, ok hafi þit vel yfir slétt[21] vanhyggju mína. Lízk mér svá á mey þessa, at mér þykkir mikil gipta í at eiga jafnfagrt barn, eða hvat heitir hon?" „Helga heitir hon," segir Þorgerðr. „Helga in fagra," segir Þorsteinn. „Nú skalt þú búa ferð hennar heim með mér." Hon gerði svá. Þorsteinn var þaðan út leiddr[22] með góðum gjǫfum. Ok reið Helga heim með honum ok fœddisk[23] þar upp með mikilli virðing ok ást af fǫður ok móður ok ǫllum frændum.

Helga var svá fǫgr,[24] at þat er sǫgn fróðra manna, at hon hafi fegrst kona verit á Íslandi. Hár hennar var svá mikit, at þat mátti[25] hylja[26] hana alla, ok svá fagrt sem gull barit,[27] ok engi kostr þótti þá þvílíkr sem Helga in fagra í ǫllum Borgarfirði ok víðara annars staðar.

Svá er sagt frá Gunnlaugi, at hann var mikill ok sterkr, ljósjarpr á hár, ok fór allvel,

---

[16] *fegrst*: am schönsten (Superlativ; Adj. im Positiv: *fagr*).

[17] *Mýramenn*, übersetzt Moormänner, werden die Nachkommen von Skalla-Grímr Kveld-Úlfsson genannt. Sie sind auch bekannt als *Mýramannakyn*, das Geschlecht der Mýramenn. Der Name leitet sich von dem Gebiet Myrar ab, den Mooren, die Skalla-Grímr bzw. Egill Skalla-Grímsson bei der Landname auf Island in Besitz nahmen. Die Mýramenn lassen sich grob in zwei gegensätzliche ‚Menschentypen' einteilen, die in der Literatur, insbesondere in der *Egils saga*, meist als Brüderpaare auftreten: Einen schönen, hellhaarigen, erfolgreichen, politisch und diplomatisch geschickten, königstreuen Typ sowie einen hässlichen, dunkelhaarigen, dichterisch begabten und freiheitsliebenden, gewalttätigen Typ, der als Widersacher des norwegischen Königs auftritt.

[18] *má*: er, sie, es kann, vermag (Inf.: *mega*; pp.vb.).

[19] *sé*: er, sie, es sei (Konj. Präs.; Inf.: *vera*).

[20] *kann*: ich kann (Inf.: *kunna*; pp.vb.).

[21] *slétt*: geglättet, besänftigt (Inf.: *slétta*); *slétta yfir*: ausgleichen, wiedergutmachen.

[22] *leiddr*: geleitet (Part. Perf.; Inf.: *líða*).

[23] *fœddisk*: er, sie, es wurde erzogen (Lemma: *fœða*, Inf.: *fœðask*).

[24] *fǫgr*: schön (*fagr, fǫgr, fagrt*: schöner, schöne, schönes).

[25] *mátti*: er, sie, es vermochte (Inf.: *mega*; pp.vb.).

[26] *hylja*: verbergen, einhüllen (Inf.: *hylja*).

[27] *barit*: gehämmert, geschmiedet (Part. Perf.; Inf.: *berja*).

svarteygr ok nǫkkut nefljótr, miðmjór ok herðimikill, kominn á sik[28] manna bezt,[29] hávaðamaðr mikill í ǫllu skaplyndi ok framgjarn snimmendis ok við allt harðr ok skáld mikit ok heldr níðskár ok kallaðr Gunnlaugr ormstunga.

Ok er Gunnlaugr var tólf vetra gamall, bað hann fǫður sinn fararefna, ok kvazk[30] hann vilja fara útan ok sjá sið annarra manna. Illugi bóndi kvað hann eigi mundu[31] þykkja góðan í útlǫndum, er hann þóttisk[32] trautt mega semja hann þar heima, sem hann vildi.

Ok einnhvern morgin var þat, at Illugi bóndi gekk[33] út snimma ok sá, at útibúr hans var opit,[34] ok váru lagðir út[35] vǫrusekkar nǫkkurir[36] á hlaðit sex ok þar lénur með. Hann undraðisk[37] þetta mjǫk. Þar gekk þá at maðr ok leiddi[38] fjǫgur hross, ok var þar Gunnlaugr, sonr hans, ok mælti: „Ek hefi sekkana út lagit," segir hann. Illugi spurði, hví hann gerði svá. Hann sagði, at þat skyldi[39] vera fararefni hans. Illugi mælti: „Engi ráð skalt þú taka af mér ok fara hvergi, fyrr en ek vil," ok kippði[40] inn aptr vǫrusekkunum.

---

[28] *kominn á sik*: entwickelt.
[29] *manna bezt*: am besten von den Männern, als bester der Männer (Genitivus partitivus).
[30] *kvazk*: er, sie, es sprach, dass (AcI; Inf.: *kveða*).
[31] *mundu*: Inf. Prät. von *munu*: werden (AcI); im Deutschen keine Entsprechung, hier etwa: würde.
[32] *þóttisk*: es schien ihm, dass (AcI; Inf.: *þykkja*).
[33] *gekk*: er, sie, es ging (Inf.: *ganga*).
[34] *opit*: geöffnet, offen (Inf.: *opna*).
[35] *váru lagðir út*: sie waren hinausgelegt (Inf.: *vera*; Inf.: *leggja*).
[36] *nǫkkurir*: einige (*nǫkkurr, nǫkkur, nǫkkut*: irgendeiner, irgendeine, irgendein; mancher, manche, manches).
[37] *undraðisk*: er, sie, es wunderte sich (Lemma: *undra*, Inf.: *undrask*).
[38] *leiddi*: er, sie, es führte, leitete (Inf.: *leiða*).
[39] *skyldi*: er, sie, es sollte (Inf.: *skulu*).
[40] *kippði*: er, sie, es zog ruckartig zurück (Inf.: *kippa*).

Übungen

1. Übersetzen Sie Text 3.

Flexion schwacher maskuliner und schwacher femininer Substantive

2.

Haugen S. 75–78 (§§ 36–41)

Klären Sie in der Grammatik, wie schwache maskuline Substantive und schwache feminine Substantive flektiert werden. Wenden Sie das Gelernte dann an, indem Sie die beiden folgenden Substantive flektieren:

		m.	f.
Sg.	N	*frǽndi*	*kona*
	G		
	D		
	A		
		m.	f.
Pl.	N		
	G		
	D		
	A		

Flexion von *annarr*

3.

Haugen, S. 45–59; 92 (§§ 22–23; 58.2)

Tragen Sie das vollständige Paradigma von *annarr* ‘ein anderer, ein zweiter’ ein. Schreiben Sie dann alle diejenigen Formen heraus, in denen phonologische und morphologische Regeln wirksam sind, und benennen Sie diese.

Beachten Sie den Übergang von *n* → *ð* vor *r*. Dieser Fall tritt bei vokalisch anlautender Endung ein:

Stamm	+	vokalisch anlautende Endung	→	Schwund des schwachtonigen Vokals in Ableitungssuffixen	→	Übergang von *n* → *ð* vor *r*
**annar*		*-ir*	→	**annr -ir*	→	*aðr-ir*

		m.	f.	n.	phon. und morph. Regeln
Sg.	**N**	*annarr*			
	G				
	D				
	A				
		m.	**f.**	**n.**	**phon. und morph. Regeln**
Pl.	**N**			*ǫnnur*	ǫnnur, morphologischer u-Umlaut
	G				
	D				
	A	*aðra*			

4.

Haugen, S. 62; 72; 91–92
§§ 26.1; 33.2; 56–56.3; 58)

Übersetzen Sie die in der Tabelle angegebenen Nominative und flektieren Sie in allen Kasus. Geben Sie phonologische und morphologische Regeln an.

Sg.		m.	phon. und morph. Regeln	f.	phon. und morph. Regeln
	N	*einnhverr dagr*		*dóttir þín*	
	G				
	D				
	A				
Pl.	N				
	G				
	D				
	A				

5. In Lektion 2, Übung 6.1 haben Sie gelernt, dass starke und schwache Verben das Präteritum unterschiedlich bilden. Ab Lektion 3 wird im Vokabelverzeichnis bei den starken Verben angegeben, zu welcher Ablautklasse sie gehören. Lernen Sie diese Angabe mit.

Flexion der starken und schwachen Verben im Präsens und Präteritum Indikativ

6.

Haugen S. 107–108; 125–128 (§ 75–75.2; 94–94.2)

Lernen Sie je ein Paradigma für starke und schwache Flexion von Verben.

Zur Flexion finden Sie auch Hinweise in **Service Grammatik**.

Inf.:	*taka*, st. Verb, 6. Kl.		*kalla*, schw. Verb, kasta-Kl.	
	Präs. Ind.	**Prät. Ind.**	**Präs. Ind.**	**Prät. Ind.**
1. Sg.	*tek*	*tók*	*kalla*	*kallaða*
2. Sg.	*tekr*	*tókt*	*kallar*	*kallaðir*
3. Sg.	*tekr*	*tók*	*kallar*	*kallaði*
1. Pl.	*tǫkum*	*tókum*	*kǫllum*	*kǫlluðum*
2. Pl.	*takið*	*tókuð*	*kallið*	*kǫlluðuð*
3. Pl.	*taka*	*tóku*	*kalla*	*kǫlluðu*

6.1 Erklären Sie, welche phonologischen und morphologsichen Regeln in den Verbformen in Erscheinung treten.

6.2 Vergleichen Sie Ihre Erklärungen mit den Angaben zu phonologischen und morhologischen Regeln in den Übersichten über die starken und schwachen Verben auf den Seiten 163 und 164.

7. **Haugen S. 126 (§ 94, Abb. 8.4)**

Wenden Sie das Gelernte an, indem Sie die folgenden Tabellen vervollständigen.

Starke Verben:
bíta, 1. Kl., 'beißen' *brjóta*, 2. Kl., 'brechen'

		Präs. Ind.	**Prät. Ind.**	**Präs. Ind.**	**Prät. Ind.**
Sg.	**1.**	*bít*	*beit*	*brýt*	*braut*
	2.				
	3.				
Pl.	**1.**				
	2.				
	3.				

Schwache Verben:
banna, kasta-Kl., 'verbieten' *líka,* kasta-Kl., 'mögen'

		Präs. Ind.	Prät. Ind.	Präs. Ind.	Prät. Ind.
Sg.	**1.**	*banna*	*bannaða*	*líka*	*líkaða*
	2.				
	3.				
Pl.	**1.**				
	2.				
	3.				

Ablautklassen der starken Verben

8.

Haugen S. 113–124 (§§ 83–90.4)

Vermerken Sie in der folgenden Tabelle den Vokalwechsel der einzelnen Ablautklassen und suchen Sie aus den Vokabelverzeichnissen der Lektionen 1 und 2 alle starken Verben heraus.
Ordnen Sie diese den Ablautklassen zu. Ergänzen Sie ein Beispiel aus der Grammatik von Haugen, falls Sie für eine Verbklasse kein Beispiel in den Vokabelverzeichnissen finden.

Kl.	Inf.	Prät. Sg.	Prät. Pl.	Part. Perf.
1.				
2.				
3.				
4.				
5.				
6.				
7.				

9. Vokabeln

stela, stal, stálu, stolit, 4. Kl.	stehlen
líða, leið, liðu, liðit, 1. Kl.	vergehen, verstreichen
fagr, fǫgr, fagrt	schön
síðan	dann, seither
mæla, mælti, mælt	sagen
þangat	dorthin, dort
stúlka, stúlku f.	junges Mädchen
hlaupa, hljóp, hljópu, hlaupit, 7. Kl.	laufen
skulu, skal, skulu, skyldi, – , pp.vb.	sollen
snimma	zeitig
gera, gerði, gert[41]	tun
sjá, sá, sá, sét, 5. Kl.	sehen
mega, má, megu, mátti, megat/mátt, pp.vb.	können
þykkja, þótti, þótt	dünken, scheinen
vilja, vildi, vilt	wollen
vetr, vetrar m.	Winter
frændi, frænda m.	Verwandter
ganga, gekk, gengu, gengit, 7. Kl.	gehen
brjóta, braut, brutu, brotit, 2. Kl.	brechen

41 Vergleichen Sie zu *gera* Haugen, S. 113 (§ 82), Kommentar 2.

Lektion 3+: Vertiefung, Erweiterung

1. Finden Sie in Text 3 drei verschiedene Substantive mit definitem suffigiertem Artikel. Lassen Sie dabei die Worte *sekkana* und *vǫrusekkunum* aus.
Trennen Sie den suffigierten Artikel vom Substantiv.
Schreiben Sie das Substantiv in seiner indefiniten Form in demselben Kasus auf, in dem es mit seinem Artikel erscheint.
Trennen Sie anschließend die indefiniten Substantivformen in Stamm und Endung.
Bestimmen Sie Kasus, Numerus und Genus des jeweiligen Substantivs.

Text 3, Z. …	**def. Subst. mit suff. Art.**	**Trennung von def. Art. und Subst.**	**indef. Form**	**Stamm/ Endung**	**Ka-sus**	**Nu-merus**	**Ge-nus**

2. Trennen Sie eine jede Form der Quantoren *engi* 'keiner' und *nǫkkurr* 'irgendeiner' in Stamm und Endung.

		m.	**f.**	**n.**
Sg.	**N**	*engi*		
	G			
	D			
	A			
		m.	**f.**	**n.**
Pl.	**N**			
	G			
	D			
	A			

Sg.		m.	f.	n.
	N	*nǫkkurr*		
	G			
	D			
	A			
Pl.		**m.**	**f.**	**n.**
	N			
	G			
	D			
	A			

3. Überprüfen Sie Ihr Wissen aus Lektion 1–3:

3.1 Die folgenden Substantive sind aus den Texten 1–3 zitiert. Bestimmen Sie das jeweilige Genus und setzen Sie in die definite Form:

Zitat	Genus	def. Form
sumar		
vetr		
þings		
hǫfðingja (Gen. Pl.)		
barni		
fé		
meybarn		
sǫgu (Dat. Sg.)		
konur		

Zitat	**Genus**	**def. Form**
draums		
smalamann		
ǫrn		
hest		
virðingu (Dat. Sg.)		
bróðir		
ǫndvegi		
hús (Nom. Pl.)		
dóttir		
menn (Akk. Pl.)		
fuglar		

3.2 Für die folgende Aufgabe kann Ihnen die Liste von Verbformen im Wörterbuch von Walter Baetke eine Hilfe sein. Finden Sie die Lemmata zu folgenden Verbformen:

Verbform	**Lemma**	**Verbform**	**Lemma**
máttuð		*bjuggu*	
skaltu		*bárum*	
mælti		*bað*	
hljóp		*þótti*	
leið		*hét*	
várum		*átti*	

3.3 Setzen Sie die richtige Form des altnordischen Wortes in den Text ein.

Þat var ___________ (Zahlwort: eins) sumar, at skip (Sg.) ___________ (kommen, Prät.) af hafi í Borgarfjǫrð.

Ǫrn ___________ (heißen: Prät.) styrimaðr; ___________ (Personalpron.) var vinsæll ___________ (Mann).

Oddr ___________ (reiten, Prät.) nú heim. Hersteinn ___________ (reiten, Prät.) heim ok ___________ (erzählen, Prät.) fǫður ___________ (Possessivpron.) frá farmǫnnum. Nú ___________ (vergehen, Prät.) nóttin. ___________ (kommen: Prät.) nú tíðendi[42] ___________ (Demonstrativpron.) fyrir Odd.

[42] *tiðendi, tíðenda* n. Pl.: Neuigkeiten.

Lektion 4

Einleitung: Was Sie in dieser Lektion lernen

- Wie starke feminine Substantive flektiert werden.
- Wie Adjektive flektiert und gesteigert werden.
- Wie starke und schwache Verben den Konjunktiv im Präsens und Präteritum bilden.
- Wie *vera* Präsens und Präteritum im Indikativ und Konjunktiv bildet.
- Wie das Präteritopräsentium *eiga* Präsens und Präteritum im Indikativ und Konjunktiv bildet.
- Wie Verben im Mediopassiv übersetzt werden können.

Text 4

Gunnlaugr reið þá í brott þaðan ok kom um kveldit ofan til Borgar, ok bauð Þorsteinn bóndi honum þar at vera. Gunnlaugr segir Þorsteini, hversu farit hafði[1] með þeim feðgum. Þorsteinn bað hann þar vera þeim stundum, sem hann vildi, ok þar var hann þau missari ok nam lǫgspeki at Þorsteini, ok virðisk[2] ǫllum mǫnnum þar vel til hans.

Jafnan skemmtu þau Helga sér at tafli ok Gunnlaugr. Lagði hvárt þeira góðan þokka til annars bráðliga, sem raunir bar á síðan.[3] Þau váru mjǫk jafnaldrar.

Gunnlaugr ormstunga var nú ýmisst at Borg með Þorsteini eða Illuga, feðr sínum, á Gilsbakka, sex vetr, ok var hann þá átján vetra, ok samðisk[4] þá mikit með þeim feðgum.

Ok litlu síðar beiddi Gunnlaugr fǫður sinn fararefna í annat sinn. Illugi segir: „Nú skal vera, sem þú vill," segir hann. Reið Illugi þá heiman skjótt ok keypti[5] skip hálft til handa Gunnlaugi.

Ok er Illugi kom heim, þá þakkaði Gunnlaugr honum vel. En Gunnlaugr var at

---

1 *hversu farit hafði*: wie es sich zugetragen hatte.
2 *virðisk*: er, sie, es erwies sich (Lemma: *virða*, Inf.: *virðask*).
3 *sem raunir bar á síðan*: wie es die Erfahrung seither zeigte.
4 *samðisk*: es wurde in Ordnung gebracht (Lemma: *semja*, Inf.: *semjask*).
5 *keypti*: er, sie, es kaufte (Inf.: *kaupa*).

Borg, meðan þeir[6] bjuggu skipit, ok þótti glaðara at tala við Helgu en vera í starfi með kaupmǫnnum.

Einnhvern dag spurði Þorsteinn Gunnlaug, ef hann vildi ríða til hrossa með honum upp í Langavatnsdal. Gunnlaugr kvazk þat vilja. Nú ríða þeir tveir saman ok váru þar stóðhross, er Þorsteinn átti, fjogur[7] saman, ok váru rauð at lit. Hestr var allvænligr ok lítt reyndr. Þorsteinn bauð at gefa Gunnlaugi hrossin, en hann kvazk eigi hrossa þurfa. Ok þá riðu þeir til annarra stóðhrossa. Var þar hestr grár með fjórum merum, ok var sá baztr í Borgarfirði, ok bauð Þorsteinn at gefa þann Gunnlaugi. Hann svarar: „Eigi vil ek þessi heldr en hin, eða hví býðr[8] þú mér eigi þat, er ek vil þiggja?“

„Hvat er þat?" segir Þorsteinn. Gunnlaugr mælti: „Helga in fagra, dóttir þín.“

Þorsteinn svarar: „Eigi mun svá skjótt ráðask,“[9] segir hann ok tók annat mál.

Þá mælti Gunnlaugr: „Vita vil ek,“ segir hann, „hverju[10] þú vill svara mér um bónorðit.“

Þorsteinn svarar: „Ekki sinni[11] ek hégóma þínum,“ segir hann. Vita skyldir[12] þú fyrst, hvat þú vildir. Ertu eigi ráðinn[13] til útanferðar ok lætr þó, sem þú skylir kvángask?“[14] Um kveldit koma þeir heim. Ok um morgininn ríðr Gunnlaugr upp á Gilsbakka ok bað fǫður sinn ríða til kvánbœna með sér út til Borgar. Illugi svarar: „Þú ert óráðinn maðr, þar sem þú ert ráðinn til útanferðar, en lætr nú, sem þú skulir[15] starfa í kvánbœnum, ok veit[16] ek, at slíkt er ekki við skaplyndi Þorsteins.“

Gunnlaugr svarar: „Ek ætla þó útan allt eins,[17] ok líkar mér ekki, útan þú fylgir þessu.“

---

6 *þeir* bezieht sich auf Kaufmänner und andere, die mit Gunnlaugr gemeinsam ausfahren wollen.
7 *fjogur*: andere Schreibweise für *fjǫgur*.
8 *býðr*: du bietest an (Inf.: *bjóða*).
9 *ráðask*: entschieden werden (Lemma: *ráða*, Inf.: *ráðask*).
10 *hverju*: wie, auf welche Weise.
11 *sinni*: ich unterstütze (Inf.: *sinna*).
12 *skyldir*: du solltest (Inf.: *skulu*).
13 *ráðinn*: gerüstet (Part. Perf.; Inf. *ráða*).
14 *kvángask*: sich als Mann verheiraten, eine Frau nehmen (Inf.: *kvángask*).
15 *skulir*: du wirst (Inf.: *skulu*).
16 *veit*: ich weiß (Inf.: *vita*; pp.vb.).
17 *þó útan allt eins*: doch nur eines.

Síðan reið Illugi heiman með tólfta mann ofan til Borgar, ok tók Þorsteinn vel við honum. Þá mælti Illugi: „Gunnlaugr, frændi minn, kvezk hafa vakit[18] bónorð við þik fyrir sína hǫnd, at biðja Helgu, dóttur þinnar. Þorsteinn svarar: „Fyrir þín orð," segir hann, „ok okkra vingan, þá skal Helga vera heitkona Gunnlaugs, en eigi festarkona, ok bíða þrjá vetr. En Gunnlaugr skal fara útan ok skapa sik eptir góðra manna siðum. En ek skal lauss allra mála, ef hann kemr eigi svá út."

Ok við þetta skilja þeir. Ríðr Illugi heim, en Gunnlaugr til skips. Ok er þeim gaf byr, létu þeir í haf[19] ok kómu skipi sínu norðr við Nóreg ok sigldu inn eptir Þrándheimi til Niðaróss ok lágu þar ok skipuðu upp.[20]

---

[18] *hafa vakit*: zur Sprache gebracht haben (Inf.: *vekja*).

[19] *létu þeir í haf*: sie stachen in See (Inf.: *láta*).

[20] *skipuðu upp*: sie löschten die Ladung (Inf.: *skipa*).

Übungen

1. Übersetzen Sie Text 4.

Flexion starker femininer Substantive

2.

Haugen S. 68–72 (§§ 30–33.1)

Im Text haben Sie die starken femininen Substantive
handa
merum
útanferðar
kvánbǿna[21] gefunden.
Klären Sie in der Grammatik, wie diese Feminina flektiert werden, und füllen Sie die folgende Tabelle aus:

		f.	f.	f.	f.
Sg.	N	*hǫnd*	*merr*	*útanferð*	*kvánbǿn*
	G				
	D				
	A				
Pl.		f.	f.	f.	f.
	N				
	G				
	D				
	A				

[21] Im Text geschrieben *kvánbœna*. In Lektion 1, Übung 2.2 haben Sie erfahren, dass es im Norrönen verschiedene Orthographien gibt.

Starke und schwache Flexion von Adjektiven

Komparation der Adjektive

3.

Haugen S. 82–90; 95–96 (§§ 45–52.5; 60–63)

Bestimmen Sie, ob es sich bei den folgenden Nominativen um die starke oder um die schwache Adjektivflexion handelt. Flektieren Sie dann jeweils im Positiv, Komparativ und Superlativ:

	faðir inn góði	*fǫgr kona*	*mikit skip*[22]
Adjektivflexion:	———————	———————	———————

Positiv

		m.	f.	n.
Sg.	N	*faðir inn góði*	*fǫgr kona*	*mikit skip*
	G			
	D			
	A			
Pl.	N			
	G			
	D			
	A			

Komparativ

		m.	f.	n.
Sg.	N	*faðir inn*	*kona*	*skip*
	G			
	D			
	A			

[22] *skip*: Schiff. Das starke neutrale Substantiv *skip* flektiert wie *land*: Land.

Pl.		**m.**	**f.**	**n.**
	N			
	G			
	D			
	A			

Superlativ

Sg.		**m.**	**f.**	**n.**
	N	*faðir inn*	*kona*	*skip*
	G			
	D			
	A			
Pl.	**N**			
	G			
	D			
	A			

Wenn Sie sich unsicher fühlen in Bezug auf die grammatische Terminologie, klären Sie zunächst alle Termini im Glossar der Grammatik. Hinweise finden Sie auch in **Service Grammatik.**

4. Bestimmen Sie die unterpunkteten Wörter aus Text 4, Zeile 1–24 nach ihrer Wortart und ordnen Sie die grammatischen Kategorien Kasus, Numerus, Genus, Positiv, Komparativ und Superlativ entsprechend zu.

Wort aus Text 4, Z. ...	Wortart und entsprechende grammatische Kategorien

Flexion der starken und schwachen Verben im Präsens und Präteritum Konjunktiv

5.

Haugen S. 105–106; 108–132 (§§ 73–74.2; 76–96 Abb. 8.4–8.7)

In den folgenden Sätzen, die Sie bereits übersetzt haben, stehen Verben im Konjunktiv. Jófriðr schmiedet nach der Geburt ihrer Tochter das Komplott mit ihrem Hirten und sagt: *... bið hana upp fœða með leynd, svá at Þorsteinn* ***verði*** *eigi varr við.* In der Unterhaltung mit seiner Schwester Þorgerðr fragt Þorsteinn sechs Jahre später: *Hversu má þat vera, en þó* ***sé*** *hon þín dóttir?*
Klären Sie in der Grammatik, wie starke und schwache Verben den Konjunktiv im Präsens und Präteritum bilden, beachten Sie insbesondere die dazugehörenden Endungen in § 94 Abb. 8.4 und ergänzen Sie dann die folgende Tabelle:

Starke Verben:

nema, 4. Kl., 'nehmen'; *bjóða*, 2. Kl., 'bieten'

		Präs. Konj.	Prät. Konj.	Präs. Konj.	Prät. Konj.
Sg.	1.	*nema*	*nǽma*	*bjóða*	*byða*
	2.				
	3.				
Pl.	1.				
	2.				
	3.				

Schwache Verben:

gera,[23] dǿma-Kl., 'tun'; *ǽtla*, kasta-Kl., 'beabsichtigen'

		Präs. Konj.	Prät. Konj.	Präs. Konj.	Prät. Konj.
Sg.	1.	*gera*	*gerða*	*ǽtla*	*ǽtlaða*
	2.				
	3.				
Pl.	1.				
	2.				
	3.				

23 Beachten Sie die Hinweise auf die Unregelmäßigkeiten dieses Verbs, Haugen, S. 113, § 82, Kommentar 2

Starke Verben:

verða, 3. Kl., 'werden'; *fara*, 6. Kl., 'fahren'

		Präs. Konj.	Prät. Konj.	Präs. Konj.	Prät. Konj.
Sg.	1.	*verða*	*yrða*	*fara*	*føra*
	2.				
	3.				
Pl.	1.				
	2.				
	3.				

Flexion des Verbs *vera*

6. **Haugen, S. 131 (§ 96, Abb. 8.6)**

Übertragen Sie die Flexion des Verbs *vera* 'sein' auf eine Karteikarte. Lernen Sie diese Flexion auswendig.

vera		Präs. Ind.	Präs. Konj.	Prät. Ind.	Prät. Konj.
Sg.	1.	*em*	*sé / sjá*	*var*	*vǽra*
	2.	*ert*	*sér*	*vart*	*vǽrir*
	3.	*er*	*sé*	*var*	*vǽri*
Pl.	1.	*erum*	*sém*	*várum*	*vǽrim*
	2.	*eruð*	*séð*	*váruð*	*vǽrið*
	3.	*eru*	*sé*	*váru*	*vǽri*

Flexion des Verbs *eiga* als Beispiel für Präteritopräsentien

7.

Haugen S. 124–125; 133 (§§ 91–92; 96 Abb. 8.8)

Einige Verben bilden ihr Präsens so, wie die starken Verben ihr Präteritum bilden, in ihrem Präteritum haben sie aber ein Dentalsuffix. Lernen Sie als erstes Beispiel für diese Präteritopräsentien die Formen von *eiga* 'haben, besitzen'.
Mit Präteritopräsentien sind Sie aus dem Deutschen vertraut. Überzeugen Sie sich davon in **Service Grammatik.**

eiga		**Präs. Ind.**	**Präs. Konj.**	**Prät. Ind.**	**Prät. Konj.**
Sg.	**1.**	*á*	*eiga*	*átta*	*ǽtta*
	2.	*átt*	*eigir*	*áttir*	*ǽttir*
	3.	*á*	*eigi*	*átti*	*ǽtti*
Pl.	**1.**	*eigum*	*eigim*	*áttum*	*ǽttim*
	2.	*eiguð*	*eigið*	*áttuð*	*ǽttið*
	3.	*eigu*	*eigi*	*áttu*	*ǽtti*

Übersetzung des Mediopassivs

8.

Haugen S. 129; 134; 160–161; 174–175 (§§ 96, Abb. 8.9; 138–139; 159–160.3)

Schauen Sie sich in den folgenden Sätzen aus den Übersetzungstexten der Lektionen 1–4 die fettgedruckten Verben an:
- *hann* ***undraðisk*** *þetta mjǫk.*
- *ok* ***virðisk*** *ǫllum mǫnnum þar vel til hans.*
- *Ertu eigi ráðinn til útanferðar ok lætr þó, sem þú skylir* ***kvángask****?*

Sie haben übersetzt:
- 'er wunderte sich ...'
- 'es erwies sich ...'
- '... als ob du dich verheiraten solltest?'

Lesen Sie dazu im Glossar der Grammatik die Stichwörter Mediopassiv, Aktiv und Passiv.

Außer der reflexiven Form kann das Mediopassiv auch übersetzt werden wie in den folgenden Sätzen aus den Texten der Lektionen 3 und 4:

- *Gunnlaugr **kvazk** þat vilja.*
- 'Gunnlaug sagte [wörtl.: von sich], dies zu wollen.'

- *... hann **þóttisk** trautt mega semja hann þar heima, sem hann vildi:*
- '... er meinte [wörtl.: von sich] ihn kaum dort zu Hause in Ordnung halten zu können, wie er wollte.'

Dem Verb im Mediopassiv folgt hier ein Akkusativ mit Infinitiv (AcI), (s. Glossar der Grammatik). Sie kennen diese Konstruktion aus dem Deutschen, überzeugen Sie sich davon in **Service Grammatik**.

9. Vokabeln

fara, fór, fóru, farit, 6. Kl.	gehen, fahren
kveða, kvað, kváðu, kveðit, 5. Kl.	sprechen
byrr, byrjar m.	leichter Wind
bjóða, bauð, buðu, boðit, 2. Kl.	bieten
kyn, kyns n.	Geschlecht, Familie
kaupa, keypti, keypt	kaufen
svara, svaraði, svarat	antworten
drepa, drap, drápu, drepit, 5. Kl.	umbringen
heitkona, -konu f.	versprochene, aber noch nicht förmlich verlobte Braut (im Gegensatz zu *festarkona* 'förmlich verlobte Braut')
vita, veit, vitu, vissi, vitat, pp.vb.	wissen
ætla, ætlaði, ætlat	beabsichtigen
gefa, gaf, gáfu, gefit, 5. Kl	geben
liggja, lá, lágu, legit, 5. Kl.	liegen
nema, nam, námu, numit, 4. Kl.	nehmen
enn, adv.	noch (dazu)
ráða, réð, réðu, ráðit, 7. Kl.	Rat erteilen
hersir, hersis m.	Herse, Häuptling, reicher Bauer und Befehlshaber über einen Bezirk

Lektion 4+: Vertiefung, Erweiterung

1. Überprüfen Sie Ihr Wissen aus Lektion 1–4:

Aus der *Laxdœla saga*

Ketill flatnefr hét maðr, sonr Bjarnar bunu. Hann var hersir ríkr í Nóregi ok kynstórr. Hann bjó í Raumsdal í Raumsdœlafylki; þat er milli Sunnmœrar ok Norðmœrar. Ketill flatnefr átti Yngvildi, dóttur Ketils veðrs, ágæts manns. Þeira bǫrn váru fimm: Hét einn Bjǫrn inn austrœni, annarr Helgi bjólan. Þórunn hyrna hét dóttir Ketils, er átti Helgi inn magri, sonr Eyvindar austmanns ok Rafǫrtu, dóttur Kjarvals Írakonungs.

Unnr in djúpúðga var enn dóttir Ketils, er átti Óláfr hvíti Ingjaldsson, Fróðasonar ins frœkna, er Svertlingar drápu. Jórunn manvitsbrekka hét enn dóttir Ketils. Hon var móðir Ketils ins fiskna, er nam land í Kirkjubœ. Hans sonr var Ásbjǫrn, faðir Þorsteins, fǫður Surts, fǫður Sighvats lǫgsǫgumanns.[24]

---

[24] *lǫgsǫgumaðr, -manns,* m.: Gesetzessprecher. Der Gesetzessprecher hatte die Aufgabe, bei Gerichtsverhandlungen auf dem Þing den Gesetzestext auswendig vorzutragen. Auf dieser Grundlage wurde ein Urteil gefällt. Ein Gesetzessprecher genoss von Kindheit und Jugend an eine entsprechende Ausbildung und wurde in den Gesetzen unterwiesen. Die Aufgabe des Gesetzessprechers galt als sehr ehrenvoll.

1.1 Markieren Sie alle Prädikate dieses Textes, ordnen Sie die Infinitive zu und bestimmen Sie die Verbformen nach Person, Numerus, Tempus, Modus. Fügen Sie bei den starken Verben die Ablautklassen hinzu.

Prädikate/ Verbformen	**Inf./ Ablautkl.**	**Pers.**	**Numerus**	**Tempus**	**Modus**

1.2 Markieren Sie das jeweilige Subjekt.

1.3 Übersetzen Sie den Text.

1.4 Ordnen Sie alle Adjektive des Textes nach ihrer Flexion.

st. Adjektivflexion	**schw. Adjektivflexion**

Lektion 5

Einleitung: Was Sie in dieser Lektion lernen

- Wie die Verben der 7. Ablautklasse zu unterteilen sind.
- Ortsadverben.
- Wie starke neutrale Substantive flektiert werden.
- Wie die Präteritopräsentien Präsens und Präteritum im Indikativ und Konjunktiv bilden.
- Wie das Mediopassiv der Verben gebildet wird.
- Dass Sie sich vor falschen Freunden hüten müssen.
- Wie Sie mit Vokabeln umgehen können, die nicht haften wollen.

Text 5

Ǫnundr[1] hét maðr, er bjó suðr at Mosfelli. Hann var auðmaðr inn mesti ok hafði goðorð[2] suðr þar um nesin. Hann var kvángaðr maðr, ok hét Geirný[3] kona hans, Gnúpsdóttir, Molda-Gnúps[4] sonar, er nam suðr Grindavík.

Þeira synir váru þeir Hrafn ok Þórarinn ok Eindriði.[5] Allir váru þeir efniligir menn, en þó var Hrafn fyrir þeim í hvívetna. Hann var mikill maðr ok sterkr ok skáld gott. Ok er hann var mjǫk rosknaðr, þá fór hann landa á milli ok virðisk hvervetna vel, þar sem hann kom.

Þá réð fyrir Englandi Aðalráðr[6] konungr Játgeirsson[7] ok var góðr hǫfðingi. Hann sat þenna vetr í Lundúnaborg.

Gunnlaugr gekk bráðliga fyrir konung. Konungr spyrr, hvaðan af lǫndum hann

---

1 *Ǫnundr*: Nom. Sg. des Männernamens *Ǫnundr*; Flexion: *Ǫnundr, Ǫnundar, Ǫnundi, Ǫnund.*

2 *goðorð, goðorðs* n.: Godentum, Godenamt. Goden sind Häuptlinge mit judikativer Gewalt, die vermutlich in vorchristlicher Zeit auch Priesterfunktion hatten.

3 *Geirný*: Nom. Sg. des Frauennamens *Geirný*; Flexion: *Geirný, Geirnýjar, Geirnýju, Geirnýju.*

4 *Gnúps*: Gen. Sg. des Männernamens *Gnúpr*; Flexion: *Gnúpr, Gnúps, Gnúpi, Gnúp.*

5 *Hrafn, Þórarinn, Eindriði*: jeweils Nom. Sg. der Männernamen *Hrafn, Þórarinn, Eindriði*; Flexion jeweils: *Hrafn, Hrafns, Hrafni, Hrafn; Þórarinn, Þórarins, Þórar(i)ni, Þórarin; Eindriði, Eindriða, Eindriða, Eindriða.*

6 *Aðalráðr*: Nom. Sg. des Männernamens Aðalráðr; Flexion: *Aðalráðr, Aðalráðs, Aðalráði, Aðalráð.* König *Æthelred* von England wurde in der zweiten Hälfte des 10. Jahrhunderts geboren und herrschte bis Anfang des 11. Jahrhunderts.

7 *Játgeir*: *Æthelreds* Vater *Eadger* (*Edgar*), daher Játgeirs Sohn, Játgeirsson.

væri. Gunnlaugr segir sem var, – „en því hefi ek sótt[8] á yðvarn fund, herra, at ek hefi kvæði ort[9] um yðr, ok vilda ek, at þér hlýddið kvæðinu.“

Konungr kvað svá vera skyldu.[10] Gunnlaugr flutti fram kvæðit vel.

Konungr þakkaði honum kvæðit ok gaf honum at bragarlaunum skarlatsskikkju skinndregna inum beztum skinnum[11] ok hlaðbúna í skaut niðr,[12] „ok er hér sverð Aðalráðsnautr, er ek vil gefa þér, ok með þessu skaltu vega“, kvað konungr, ok gerði hann hirðmann sinn, ok var Gunnlaugr með konungi um vetrinn ok virðisk vel.[13] Um várit, er skip gengu milli landa, þá bað Gunnlaugr Aðalráð konung orlofs at sigla nǫkkut.

Síðan siglir Gunnlaugr af Englandi með kaupmǫnnum norðr til Dyflinnar.[14] Þá réð fyrir Írlandi Sigtryggr konungr silkiskegg.[15] Hann hafði þá skamma stund ráðit ríkinu. Gunnlaugr gekk þá fyrir konung ok kvaddi hann vel. Konungr tók honum sœmiliga.

Gunnlaugr mælti: „Kvæði hefi ek ort um yðr, ok vilda ek hljóð fá.“ Konungr svarar: „Ekki hafa menn til þess orðit fyrri, at fœra mér kvæði, ok skal víst hlýða.“

Gunnlaugr kvað þá drápuna. Konungr þakkaði honum kvæðit ok gaf honum klæði sín af nýju skarlati, kyrtil hlaðbúinn[16] ok skikkju með ágætum skinnum ok gullhring, er stóð mǫrk.

Gunnlaugr þakkaði honum vel ok dvalðisk[17] þar skamma stund ok fór þaðan til Orkneyja.

---

[8] *sótt*: gesucht (Inf.: *sœkja*; Part. Perf.).

[9] *ort*: gemacht, geschaffen, gedichtet (Inf.: *yrkja*; Part. Perf.).

[10] *skyldu*: Inf. Prät. von *skulu*: werden, wollen, sollen (AcI); im Deutschen keine Entsprechung, hier etwa: sollte.

[11] *skarlatsskikkju skinndregna inum beztum skinnum*: einen mit dem besten Pelz besetzten scharlachroten Mantel.

[12] *hlaðbúna í skaut niðr*: am unteren Saum mit Borten verziert.

[13] Mit dem wunderbaren Schwert *Aðalráðsnautr* erschlägt Gunnlaugr u. a. einen Berserker. Darunter versteht man in der altnordischen Literatur einen Menschen, der sich in Raserei hineinsteigert. *Aðalráðsnautr*: Gabe des Aðalráðr.

[14] *Dyflinnar*: Gen Sg. des Ortsnamens *Dyflinn*: Dublin.

[15] *Sigtryggr*: Nom. Sg. des Männernamens *Sigtryggr*, Flexion: *Sigtryggr, Sigtryggs, Sigtryggi, Sigtrygg.* König Sigtryggr silkiskegg – der Beiname bedeutet ‘Seidenbart’ – herrschte in der ersten Häfte des 11. Jahrhunderts in Irland.

[16] *hlaðbúinn*: mit Borten verziert.

[17] *dvalðisk*: er, sie, es verweilte, hielt sich auf (Lemma: *dvelja*, Inf.: *dveljask*).

Þá réð fyrir Orkneyjum Sigurðr jarl Hlǫðvisson.[18] Hann var vel til íslenzkra manna. Gunnlaugr kvaddi jarl vel ok sagði sik hafa at fœra honum kvæði. Jarl kvazk hlýða vilja kvæði hans, svá stórra manna sem hann var á Íslandi. Gunnlaugr flutti kvæðit, ok var þat flokkr ok vel ortr.

Jarl gaf honum breiðøxi, silfrrekna alla, at kvæðislaunum ok bauð honum með sér at vera. Gunnlaugr þakkaði honum gjǫfina ok boð it sama, en kvezk verða at fara austr til Svíþjóðar.

[18] *Sigurðr*: Nom. Sg. des Mänernamens *Sigurðr*; Flexion: *Sigurðr, Sigurðs, Sigurði, Sigurð. Hlǫðvis*: Gen. Sg. des Männernamens *Hlǫðvir*; Flexion: *Hlǫðvir, Hlǫðvis, Hlǫðvi, Hlǫðvi. Sigurðr Hlǫðvisson* war um das Jahr 1000 Orkadenjarl.

Übungen

Systematik der 7. Ablautklasse

1.

Haugen S. 122–126 (§§ 90–90.4; 94, Abb. 8.4)

Bereiten Sie Ihre Übersetzung vor, indem Sie aus Text 5 die doppelt unterstrichenen starken Verben herausschreiben. Bestimmen Sie sie nach Person, Numerus, Tempus und Modus.
Geben Sie jeweils den Infinitiv und die Klasse an, zu der das Verb gehört und übersetzen Sie. Beachten Sie die Einteilung für Klasse 7.

Verb	**Pers.**	**Numerus**	**Tempus**	**Modus**	**Inf./Kl.**	**Übersetzung**
hét	3.	Sg.	Prät.	Ind.	*heita*, 7. heita-Kl.	(er) hieß

Verb	Pers.	Numerus	Tempus	Modus	Inf./Kl.	Übersetzung

➔ Tipp:
Notieren Sie für jede Klasse der starken Verben Beispiele auf Ihre Karteikarten und lernen Sie sie. Das spart im Ernstfall (z. B. in der Klausur) viel Zeit beim Nachschlagen von Verbformen.

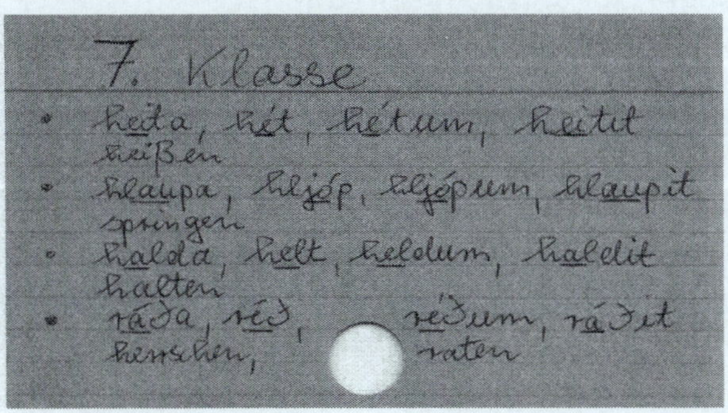

2. Übersetzen Sie Text 5.

Ortsadverben

3. In der Gunnlaugs saga haben Sie im Zusammenhang mit den Reisen des Protagonisten die Adverben *suðr, norðr* und *austr* übersetzt. Die Ortsadverben spielen eine wichtige Rolle in den Texten der Sagas. Lernen Sie die folgende Auswahl.

wo?	wohin?	woher?
fyrir austan 'im Osten'	*austr* 'nach Osten'	*austan* 'von Osten'
fyrir norðan 'im Norden'	*norðr* 'nach Norden'	*norðan* 'von Norden'
fyrir sunnan 'im Süden'	*suðr* 'nach Süden'	*sunnan* 'von Süden'
fyrir vestan 'im Westen'	*vestr* 'nach Westen'	*vestan* 'von Westen'
heima 'zu Hause'	*heim* 'nach Hause'	*heiman* 'von zu Hause'
fyrir aftan 'hinten'	*aftr* 'zurück, wieder'	*aftan* 'von hinten'
þar 'da, dort'	*þangat* 'dorthin'	*þaðan* 'von dort'

Flexion der starken neutralen Substantive

4.

Haugen S. 73–74 (§§ 34–35.4)

Klären Sie in der Grammatik, wie starke neutrale Substantive flektiert werden. Suchen Sie drei Beispiele aus Text 5 und flektieren Sie.

		Beispiel 1	Beispiel 2	Beispiel 3
Sg.	N			
	G			
	D			
	A			

Pl.	N			
	G			
	D			
	A			

4.1 Flektieren Sie die folgenden Paradigmen:

		n.	n.	n.	n.
Sg.	N	*barn*[19]	*hǫfuð* 'Kopf'	*lið* 'Schar'	*erendi* 'Anliegen'
	G				
	D				
	A				
Pl.	N				
	G				
	D				
	A				

5.

Haugen, S. 79–81; (§ 44, Abb. 4.1–4.2)

Wiederholen Sie Beispiele für die starke Flexion von Substantiven in allen drei Genera und machen Sie sich dabei die Regelmäßigkeiten zunutze:
Bei allen Substantiven endet der Genitiv Plural auf -a.
Bei allen Substantiven endet der Dativ Plural auf -um.
Bei allen Feminina sind Nominativ und Akkusativ Plural gleich.
Bei den Neutra sind Nominativ und Akkusativ Singular gleich, ebenso Nominativ und Akkusativ Plural.

19 Vokabeln, die bereits angegeben wurden, werden nicht erneut übersetzt.

5.1 Die Flexion der Vokabel *fé, fjár* n. lernen Sie am besten auswendig.

	Sg.	Pl.
N	*fé*	*fé*
G	*fjár*	*fjá*
D	*fé*	*fjám*
A	*fé*	*fé*

5.2 Sehen Sie sich im Wörterbuch an, in welchen Komposita *fé* erscheint.

Flexion der Präteritopräsentien im Präsens und Präteritum Indikativ und Konjunktiv

6.

Haugen S. 124–125 (§§ 91–92)

Finden Sie zu den Personalformen folgender Präteritopräsentien den Infinitiv, nachdem Sie in der Grammatik die Besonderheit dieser Verbgruppe wiederholt haben:

Personalform	Inf.
áttu	
kunnu	
ann	
þurftum	
mundu	
skal	
má	
eigim	
kynnið	
ynni	
þurfið	
man	
mun	

Personalform	Inf.
skyldið	
mátti	

Bildung des Mediopassivs

7.

Haugen S. 129; 134; 174–175 (§§ 96, Abb. 8.9; 159–159.4)

Klären Sie mit Hilfe der Grammatik, wie das Mediopassiv gebildet wird und prägen Sie sich die beiden Beispiele *teljask* und *brjótask* ein.

8. Vokabeln

goðorð, -orðs n.	Godentum
nes, ness n.	Landzunge
þó	doch, aber
flytja, flutti, flutt	befördern
gjǫf, gjafar f.	Gabe
skáld, skálds n.	Skalde, Dichter
hlýða, hlyddi, hlytt	lauschen
sigla, sigldi, siglt	segeln, reisen
ágætr, ágæt, ágætt	vornehm, berühmt
fundr, fundar m.	Begegnung
yrkja, orti, ort	wirken, machen, schaffen, dichten, weben
þaðan	von dort
efniligr, efnilig, efniligt	vielversprechend
sœkja, sótti, sótt	suchen
bani, bana m.	Tod
grípa, greip, gripu, gripit, 1. Kl.	greifen
vinna, vann, unnu, unnit, 3. Kl.	arbeiten
gamall, gǫmul, gamalt	alt
mœða, mœddi, mœtt	entkräften

Achtsamkeit gegenüber falschen Freunden

8.1 Hüten Sie sich vor falschen Freunden. Sie sind Ihnen in den Fremdsprachen, die Sie schon gelernt haben, sicher begegnet. Beispiele aus dem Altnordischen sind:

- *saga, sǫgu* f.: Erzählung, Geschichte
- *ríkr, rík, ríkt*: mächtig
- *hof, hofs* n.: heidnischer Tempel, Götterhaus.
- *fylki, fylkis* n.: Bezirk (für Landesteile in Norwegen verwendet); Kriegerschar.

Techniken des Vokabellernens

➔ Tipp:
Gehen Sie andere Lernwege, wenn einzelne Vokabeln durchaus nicht in Ihren Kopf wollen. Manchen helfen Zeichnungen davon, was Ihnen spontan zu der oft wiederholten Vokabel einfällt.
Andere schreiben die Vokabel fünfmal hintereinander auf einen Zettel und kleben diesen an ihren Badezimmerspiegel.
Manche lernen gut, während sie sich bewegen: So können bestimmte Vokabeln auf einem häufig – am besten täglich – gegangenen Weg mit bestimmten Objekten, Gebäuden, Vegetation wie z. B. Bäumen oder Blumenbeeten oder sonstigen markanten Stellen verbunden werden, an denen man vorbeikommt.
Einige Menschen nutzen ihren täglichen Weg in Bussen und Bahnen zum Lernen: Vokabeln oder bestimmte Lerninhalte werden gezielt mit bestimmten Haltestellen verbunden und auf diese Weise auf jeder Fahrt wiederholt.
Finden Sie die Methode, die zu Ihrem Kopf passt.

Lektion 5+: Vertiefung und Erweiterung

1. Legen Sie sich ohne Hilfe der Grammatik eine Übersicht über die Präteritopräsentien an und nutzen Sie beim Lernen die Verwandtschaft mit dem Deutschen.

   Korrigieren Sie dann Ihre Eintragungen für die Präteritopräsentien *vita, mega, munu* mit Hilfe der Grammatik.

Inf. kunna, 'können', 'kennen'					
		Präs. Ind.	**Präs. Konj.**	**Prät. Ind.**	**Prät. Konj.**
Sg.	**1.**	*kann* 'ich kann'		*kunna* 'ich konnte'	*kynna* 'ich könnte'
	2.				
	3.				
Pl.	**1.**	*kunnum* 'wir können'			
	2.				
	3.				

Inf. þurfa, 'bedürfen', 'müssen'					
		Präs. Ind.	**Präs. Konj.**	**Prät. Ind.**	**Prät. Konj.**
Sg.	**1.**	*þarf* 'ich (be)darf'		*þurfta* 'ich (be)durfte'	*þyrfta* 'ich (be)dürfte'
	2.				
	3.				

Pl.	1.	*þurfum* 'wir (be)dürfen'			
	2.				
	3.				

Inf.: muna, 'sich erinnern'					
		Präs. Ind.	**Präs. Konj.**	**Prät. Ind.**	**Prät. Konj.**
Sg.	1.	*man*		*munda*	*mynda*
	2.				
	3.				
Pl.	1.	*munum*			
	2.				
	3.				

Inf.: skulu, 'sollen', 'werden'					
		Präs. Ind.	**Präs. Konj.**	**Prät. Ind.**	**Prät. Konj.**
Sg.	1.	*skal* 'ich soll'	*skula*	*skylda*	*skylda*
	2.				
	3.				

Pl.	**1.**	*skulum* 'wir sollen'			
	2.				
	3.				

Inf.: unna, 'lieben'					
		Präs. Ind.	**Präs. Konj.**	**Prät. Ind.**	**Prät. Konj.**
Sg.	**1.**	*ann* 'ich liebe'			
	2.				
	3.				
Pl.	**1.**				
	2.				
	3.				

Inf.: vita, 'wissen'					
		Präs. Ind.	**Präs. Konj.**	**Prät. Ind.**	**Prät. Konj.**
Sg.	**1.**	*veit* 'ich weiß'	*vita*	*vissa*	*vissa*
	2.				
	3.				

Pl.	**1.**	*vitum* 'wir wissen'			
	2.				
	3.				

Inf.: mega, 'vermögen', 'können'					
		Präs. Ind.	**Präs. Konj.**	**Prät. Ind.**	**Prät. Konj.**
Sg.	**1.**	*m**á*** 'ich verm**ag**'	*mega*	*mát**ta*** 'ich vermoch**te**'	*m**œ́**tta* 'ich verm**ö**chte'
	2.				
	3.				
Pl.	**1.**	*megum* 'wir verm**ö**gen'			
	2.				
	3.				

Inf.: munu, 'werden'					
		Präs. Ind.	**Präs. Konj.**	**Prät. Ind.**	**Prät. Konj.**
Sg.	**1.**	*mun*	*muna*	*munda*	*mynda* 'ich w**ü**rde'
	2.				
	3.				
Pl.	**1.**				
	2.				
	3.				

2. Konjugieren Sie das Verb *kveða* 'sprechen' im Mediopassiv.

		Präs. Ind.	Präs. Konj.	Prät. Ind.	Prät. Konj.
Sg.	1.	*kveðumk*			
	2.	*kvezk*		*kvazk*	
	3.				
Pl.	1.		*kveðimsk*		
	2.				*kvæðizk*
	3.				

3. Überprüfen Sie Ihr Wissen aus Lektion 1–5:

In dem folgenden Textausschnitt aus der *Egils saga Skalla-Grímssonar* geht es um den Protagonisten Egill, den größten Skalden des 10. Jahrhunderts, als Jugendlichen.

Þá er Egill ______(vera, Prät.) tólf vetra gamall ______ (vera, Prät.) hann svá mikill vexti at fáir ______ (vera, Prät.) menn svá stórir ok at afli búnir[20] at Egill ________ (vinna, Prät. Konj.) þá eigi flesta menn í leikum; þann vetr, er honum _______ (vera, Prät.) inn tólfti, ______ (vera, Prät.) hann mjǫk at leikum. Þórðr Granason[21] ______ (vera, Prät.) þá á tvítugs aldri; hann _____ (vera, Prät.) sterkr at afli; þat ______ (vera, Prät.) opt, er á leið vetrinn, at þeim Agli ok Þórði tveimr _____ (vera, Prät.) skipt í móti Skalla-Grími. Þat _______ (vera, Prät.) eitt sinn um vetrinn, er á leið, at knattleikr _____ (vera, Prät.) at Borg suðr í Sandvík; þá ______ (vera, Prät.) þeir Þórðr í móti Skalla-Grími í leiknum, ok mœddisk[22] hann fyrir þeim, ok _______ (ganga, Prät.) þeim léttara. En um kveldit eptir sólarfall, þá ______ (taka, Prät.) þeim Agli verr at ganga; gerðisk Grímr þá svá sterkr, at hann _________(grípa, Prät.) Þórð

[20] *búnir*: Part. Perf. von *búa*, bezieht sich auf *menn*.
[21] *Þórðr Granason*: Ein Freund Egils.
[22] *mœddisk*: er ermattete (Lemma: *mœða*, Inf.: *mœðask*).

upp og __________ (keyra, Prät) niðr svá hart, at hann lamðisk[23] allr, ok ______ (fá, Prät.) hann þegar bana; síðan ________ (grípa, Prät.) hann til Egils.

Þorgerðr brák ________ (heita, Prät.) ambátt[24] Skalla-Gríms; hon ________ (hafa, Prät.) fóstrat Egil í barnœsku. Hon ________ (vera, Prät.) mikil fyrir sér, sterk sem karlar og fjǫlkunnig[25] mjǫk. Brák ________ (mæla, Prät.): „Hamask[26] þú nú Skalla-Grímr, at syni þínum.“

Skalla-Grímr ________ (láta, Prät.) þá lausan Egil, en ________ (þrífa, Prät.) til hennar. Hon brásk[27] við ok ________ (renna, Prät.) undan en Skalla-Grímr eptir; ________ (fara, Prät.) þau svá í útanvert Digranes; þá ________ (hlaupa, Prät.) hon út af bjarginu á sund. Skalla-Grímr ________ (kasta, Prät.) eptir henni steini miklum ok setti[28] milli herða henni og ________ (koma, Prät.) hvártki upp síðan; þar ________ (vera, Präs.) nú __________ (kalla, Part.Perf.) Brákarsund.

---

23 *lamðisk*: er zersplitterte (Lemma: *lemja*, Inf.: *lemjask*).

24 *ambátt, ambáttar* f.: Dienerin, Magd.

25 *fjǫlkunnigr, fjǫlkunnig, fjǫlkunnigt*: zauberkundig.

26 *hamask*: du gerätst in Berserkerwut (Lemma und Inf.: *hamask*).

27 *brásk við*: sie machte eine heftige Bewegung (Lemma: *bregða*, Inf.: *bregðask*).

28 *setja* kann hier nicht wörtlich mit ‘setzen, stellen, legen’ übersetzt werden. Der Kontext legt eher ‘treffen’ nahe.

3.1 Setzen Sie die passenden Verbformen ein.

3.2 Listen Sie die Verben der Ablautklasse 7, die in diesem Text vorkommen, auf.

3.3 Markieren Sie alle Adjektive und vermerken Sie, wie sie flektiert sind.

3.4 Markieren Sie mit einer anderen Farbe alle Adverben und vermerken Sie, auf welches Verb sie sich beziehen.

3.5 Lesen Sie den altnordischen Text erneut und überprüfen Sie, was Sie von dem Inhalt verstanden haben, indem Sie folgende Fragen beantworten.

3.5.1 Wie wird die körperliche Verfassung des jungen Egill beschrieben?

____

____

3.5.2 War sein Vater stärker oder schwächer als er?

____

____

3.5.3 Was geschieht mit Egils Freund?

____

____

3.5.4. Warum schaltet sich Þorgerðr brák ein?

____

____

3.5.5 Wie ergeht es ihr dabei?

____

____

3.6 Wenn Sie die Fragen nicht richtig beantworten können, übersetzen Sie den Text.

Lektion 6

Einleitung: Was Sie in dieser Lektion lernen

- Wie Sie schwache und unregelmäßige Verben bestimmen.
- Wie die Partizipien Perfekt starker und schwacher Verben flektiert werden.

Text 6

Þenna tíma réð fyrir Svíþjóð Óláfr konungr. Hann var ríkr konungr ok ágætr. Gunnlaugr kom til Uppsala nær þingi þeira Svía um várit. Ok er hann náði konungs fundi, kvaddi hann konunginn. Hann tók honum vel ok spyrr, hverr hann væri. Hann kvazk vera íslenzkr maðr. Þar var þá með Óláfi konungi Hrafn Ǫnundarson.

Konungr mælti: „Hrafn," segir hann, „hvat manna er hann á Íslandi?" Maðr mikill ok vaskligr gekk fyrir konung ok mælti: „Herra," segir hann, „hann er innar beztu ættar ok sjálfr inn vaskasti maðr." „Fari hann þá ok siti hjá þér," sagði konungr. Gunnlaugr mælti: „Kvæði hefi ek at fœra yðr," sagði hann, „ok vilda ek, at þér hlýddið ok gæfið hljóð til." „Gangið fyrst ok sitið," sagði konungr, „ekki er nú tóm til yfir kvæðum at sitja."

Þeir gerðu svá. Tóku þeir þá tal með sér, Gunnlaugr ok Hrafn. Sagði hvárr ǫðrum frá ferðum sínum. Þar gerðisk brátt vel með þeim. Ok einn dag, er liðit var þingit, váru þeir báðir fyrir konungi, Gunnlaugr ok Hrafn. Þá mælti Gunnlaugr: „Nú vilda ek, herra," segir hann, „at þér heyrðið kvæðit." „Þat má nú," segir konungr.

„Nú vil ek flytja kvæði mitt, herra," segir Hrafn. „Þat má vel," segir hann.

„Þá vil ek flytja fyrr kvæði mitt, herra," segir Gunnlaugr, „ef þér vilið svá."

„Ek á fyrr at flytja, herra," segir Hrafn, „er ek kom fyrr til yðvar."

Gunnlaugr mælti: „Hvar kómu feðr okkrir þess," segir hann, „at faðir minn væri eptirbátr fǫður þíns, hvar nema alls hvergi? Skal ok svá með okkr vera."

Hrafn svarar: „Gerum þá kurteisi," segir hann, „at vér fœrim þetta eigi í kappmæli, ok látum konung ráða."

Konungr mælti: „Gunnlaugr skal fyrri flytja, því at honum eirir illa, ef hann hefir eigi sitt mál."

Þá kvað Gunnlaugr drápuna, er hann hafði orta[1] um Óláf konung. Ok er lokit var drápunni, þá mælti konungr: „Hrafn," sagði hann, „hversu er kvæðit ort?"[2] „Vel, herra," sagði hann, „þat er stórort kvæði ok ófagrt ok nǫkkut stirðkveðit, sem Gunnlaugr er sjálfr í skaplyndi."

„Nú skaltu flytja þitt kvæði, Hrafn," segir konungr. Hann gerir svá. Ok er lokit var, þá mælti konungr: „Gunnlaugr," segir hann, „hversu er kvæði þetta ort?" Gunnlaugr svarar: „Vel, herra," segir hann, „þetta er fagrt kvæði, sem Hrafn er sjálfr at sjá, ok yfirbragðslítit. Eða hví ortir þú flokk um konunginn," segir hann, „eða þótti þér hann eigi drápunnar verðr?" Hrafn svarar: „Tǫlum þetta eigi lengr, til mun verða tekit, þótt síðar sé," segir hann, ok skilðu nú við svá búit.

Litlu síðar gerðisk Hrafn hirðmaðr Óláfs konungs ok bað hann orlofs til brottferðar. Konungr veitti honum þat. Ok er Hrafn var til brottferðar búinn, þá mælti hann til Gunnlaugs: „Lokit[3] skal nú okkarri vináttu, fyrir því at þú vildir hrœpa[4] mik hér fyrir hǫfðingjum. Nú skal ek einhverju sinni eigi þik minnr vanvirða en þú vildir mik hér." Gunnlaugr svarar: „Ekki hryggja mik hót þín," segir hann, „ok hvergi munu vit þess koma, at ek sé minna virðr en þú." Óláfr konungr gaf Hrafni góðar gjafar at skilnaði, ok fór hann í brott síðan.

---

1 *hafði orta*: er hatte gemacht, er hatte gedichtet (Part. Perf. Akk. Sg. f.; Inf.: *yrkja*).

2 *ort*: gemacht, gedichtet (Part. Perf. Nom. Sg. n.; Inf.: *yrkja*).

3 *lokit*: abgeschlossen (Inf.: *lúka*).

4 *hrœpa* entspricht *hrópa*.

Übungen

Bestimmung schwacher und unregelmäßiger Verben

1.

Haugen, S. 104–113 (§§ 71–82)

Bereiten Sie Ihre Übersetzung vor, indem Sie aus Text 6 die einfach unterstrichenen schwachen und unregelmäßigen Verben herausschreiben. Tragen Sie sie in die Tabelle ein und bestimmen Sie sie nach Person, Numerus, Tempus und Modus. Geben Sie – soweit eindeutig bestimmbar – jeweils die Klasse an, zu der das Verb gehört, und übersetzen Sie.

Verb	Person	Numerus	Tempus	Modus	Kl.	Übersetzung
náði						

Verb	Person	Numerus	Tempus	Modus	Kl.	Übersetzung

2. Übersetzen Sie Text 6.

3. Tragen Sie die doppelt unterstrichenen starken Verben der Zeilen 1–10 aus Text 6 in die Tabelle ein und geben Sie die Ablautklassen an.

Text 6, starke Verben	Inf./Kl.	1. Pers. Sg. Prät. Ind.	3. Pers. Pl. Prät. Ind.	Part. Perf.
réð				

Text 6, starke Verben	**Inf./Kl.**	**1. Pers. Sg. Prät. Ind.**	**3. Pers. Pl. Prät. Ind.**	**Part. Perf.**

4. Betrachten Sie noch einmal die folgenden Sätze und nennen Sie den jeweils zu den Partizipien Perfekt gehörenden Infinitiv. Kennzeichnen Sie starke und schwache Verben unterschiedlich.

4.1 *... „þat er stórort kvæði ok ófagrt ok nǫkkut stirðkveðit, ...*

____

____

4.2 *„Hrafn," sagði hann, „hversu er kvæðit ort?"*

____

____

4.3 *Ok er Hrafn var til brottferðar búinn, ...*

____

____

4.4 *... en Þorsteini var sagt, at fallnir væri búðarveggir hans.*

____

____

Flexion der Partizipien Perfekt

5.

Haugen, S. 90 (§§ 53–54)

Klären Sie in der Grammatik, wie die Partizipien Perfekt flektiert werden und vervollständigen Sie anschließend die Flexion der Partizipien von *yrkja* und *búa*. Hinweise zum Partizip Perfekt finden Sie in **Service Grammatik.**

		m.	f.	n.
Sg.	**N**	*ortr*	*ort*	*ort*
	G			
	D			
	A			
Pl.	**N**			
	G			
	D			
	A			

		m.	f.	n.
Sg.	**N**	*búinn*	*búin*	*búit*
	G			
	D			
	A			
Pl.	**N**			
	G			
	D			
	A			

6. Vokabeln

vaskligr, vasklig, vaskligt	tapfer, tüchtig
fœra, fœrði, fœrt	von der Stelle bewegen
hljóð, hljóðs n.	Stille, Zuhören
tal, tals n.	Gespräch
ríkr, rík, ríkt	mächtig
bráðr, bráð, brátt	schnell
þing, þings n.	Thingversammlung
eira e-u, eirði, eirt	über etw. ungehalten sein
stirðkveðit	schwerfällig gedichtet
skaplyndi, skaplyndis n.	Gemütsart
þótt (= þó at)	obwohl
veita, veitti, veitt	gewähren
skilja, skildi, skilt	trennen
fǫr, farar f.	Fahrt
ǫl, ǫls n.	Bier
veizla, veizlu f.	Fest
nefna, nefndi, nefnt	namentlich erwähnen
heita, heitti, heitt	brauen
húskarl, húskarls m.	freier Knecht
rœða um e-t, rœddi, rœtt	über etw. sprechen
fjǫlmenni, -mennis n.	Menschenmenge

Lektion 6+: Vertiefung und Erweiterung

1. Überprüfen Sie Ihr Wissen aus Lektion 1–6:

1.1 Bearbeiten Sie die folgende Übungsklausur im ersten Schritt ohne Hilfsmittel außer dem Wörterbuch, das Sie **nur** für die Aufgaben bis 2.2 benutzen sollen. Eine Beschränkung auf diese beiden Aufgaben hilft Ihnen, Illusionen darüber abzubauen, was Sie zu wissen glauben.

1.2 Erstellen Sie in einem zweiten Schritt einen ‚Spickzettel' im DIN A 6-Format (Postkartengröße), der Ihnen helfen würde, die Übungsklausur vollständig zu bearbeiten. Für seine Erarbeitung sollen Sie alle Hilfsmittel, die Ihnen zur Verfügung stehen, einsetzen.

Übungsklausur

Teil 1: Übersetzen Sie den Text aus der *Egils saga Skalla-Grímssonar*

Þat vár fór Yngvarr[5] til Borgar, ok var þat at ørendum, at hann bauð Skalla-Grími til boðs út þangat til sín ok nefndi til þeirar ferðar Beru,[6] dóttur sína, ok Þórólf,[7] son hennar, ok þá menn aðra, er þau Skalla-Grímr vildu at fœri; Skalla-Grímr hét fǫr sinni. Fór Yngvarr þá heim ok bjó til veizlunnar ok lét þá ǫl heita. En er at þeiri stefnu kemr, er Skalla-Grímr skyldi til boðsins fara ok þau Bera, þá bjósk Þórólfr til ferðar með þeim ok húskarlar, svá at þau váru fimmtán saman.

Egill rœddi um við fǫður sinn, at hann vildi fara; „á ek þar slíkt kynni sem Þórólfr," segir hann. „Ekki skaltu fara," segir Skalla-Grímr, „því at þú kannt ekki fyrir þér at vera í fjǫlmenni, þar er drykkjur eru miklar, er þú þykkir ekki góðr viðskiptis, at þú sér ódrukkinn."

Steig þá Skalla-Grímr á hest sinn ok reið í brott, en Egill unði illa við sinn hlut. Hann gekk ór garði ok hitti eikhest einn, er Skalla-Grímr átti, fór á bak ok reið eptir þeim Skalla-Grími.

---

5 *Yngvarr*: Nom. Sg. des Männernamens Yngvarr; Flexion: *Yngvarr, Yngvars, Yngvari, Yngvar*. Yngvar ist der Schwiegervater von Skalla-Grímr.

6 *Beru*: Akk. Sg. des Frauennamens *Bera*; Flexion: *Bera, Beru, Beru, Beru*. Bera ist die Ehefrau von Skalla-Grímr.

7 *Þórólf*: Akk. Sg. des Männernamens *Þórólfr*; Flexion: *Þórólfr, Þórólfs, Þórólfi, Þórólf*.

Teil 2:

2.1 Suffigierter Artikel: Nennen Sie die Substantive des Textes, die in definiter Form stehen.

2.2 Schreiben Sie sechs indefinite Substantive des Textes heraus, die verschiedene Genera haben und nicht im Nominativ Singular stehen. Kennzeichnen Sie das jeweilige Genus und setzen Sie die Substantive in den Nominativ Singular.

2.3 Schwache und unregelmäßige Verben: Schreiben Sie alle schwachen und unregelmäßigen Verben der Zeilen 7–13 heraus und nennen Sie ihren Infinitiv und ihr Partizip Perfekt.

2.4 Starke Verben: Ordnen Sie die starken Verben der Zeilen 1–6 den Ablautklassen zu.

2.5 Listen Sie aus dem ganzen Text die Präteritopräsentien auf und nennen Sie den jeweiligen Infinitiv.

2.6 Bestimmen Sie die Wortart der unterpunkteten Wörter.

2.7 Benennen Sie die phonologischen und morphologischen Regeln, die in folgenden Wörtern deutlich werden:

Wort	**phon. und morph. Regeln**
ǫrmum	
byrgim	
degi	
steinn	
gǫmul	
fœrim	
aðrar	
gestr	
orðit	

Wort	phon. und morph. Regeln
hamri	
hjalpa	

Lektion 7

Einleitung: Was Sie in dieser Lektion lernen

- Welche weiteren Möglichkeiten der Übersetzung es für Verben im Mediopassiv gibt.
- Dass Sie die Wortarten erkennen müssen, um das richtige Lemma zu finden.
- Welche Struktur dem AcI, Akkusativ mit Infinitiv, zugrundeliegt.

Text 7

Hrafn sigldi til Íslands um sumarit ok var hann heima þann vetr með fǫður sínum.

Ok um sumarit á alþingi fundusk þeir frændr, Skapti lǫgsǫgumaðr ok Skáld-Hrafn.

Þá mælti Hrafn: „Þitt fullting vilda ek hafa til kvánbœnar við Þorstein Egilsson, at biðja Helgu, dóttur hans.“ Skapti svarar: „Er hon eigi áðr heitkona Gunnlaugs ormstungu?“

Hrafn svarar: „Er eigi liðin sú stefna nú,“ segir hann, „sem mælt var með þeim?“

Skapti svarar: „Gerum sem þér líkar.“

Síðan gengu þeir fjǫlmennir til búðar Þorsteins Egilssonar. Hann fagnaði þeim vel.

Skapti mælti: „Hrafn, frændi minn, vill biðja Helgu, dóttur þinnar, ok er þér kunnig ætt hans ok auðr fjár ok menning góð, frænda afli mikill ok vina.“

Þorsteinn svarar „Hon er áðr heitkona Gunnlaugs ok vil ek halda ǫll mál við hann, þau sem mælt váru.“ Skapti mælti: „Eru nú eigi liðnir þrír vetr, er til váru nefndir með yðr?“ „Já,“ sagði Þorsteinn, „en eigi er sumarit liðit, ok má hann enn til koma í sumar.“ Skapti svarar: „En ef hann kemr eigi til sumarlangt, hverja ván skulu vér þá eiga þessa máls?“ Þorsteinn svarar: „Hér munu vér koma annat sumar, ok má þá sjá, hvat ráðligast þykkir, en ekki tjár nú þetta at tala lengr at sinni.“

Ok við þat skilðu þeir, ok riðu menn heim af þingi. Ekki fór þetta tal leynt, at Hrafn bað Helgu. Eigi kom Gunnlaugr út at sumri. Ok annat sumar á alþingi fluttu þeir Skapti bónorðit ákafliga, kváðu þá Þorstein lausan allra mála við Gunnlaug. Þorsteinn svarar: „Nú vil ek finna fyrst Illuga svarta,“ ok svá gerði hann. Ok er þeir fundusk, þá mælti Þorsteinn: „Þykki þér ek lauss allra mála við Gunnlaug, son þinn?“ Illugi mælti: „Svá er víst,“ segir hann, „ef þú vill. Kann ek hér nú fátt til at leggja.“ Þorsteinn gekk þá til Skapta, ok keyptu þeir svá, at brúðlaup skyldi vera at vetrnáttum at Borg, ef Gunnlaugr kœmi eigi út á því sumri, en Þorsteinn lauss allra mála við Hrafn, ef Gunnlaugr kœmi til ok vitjaði ráðsins.

Eptir þat riðu menn heim af þinginu, ok frestaðisk tilkváma Gunnlaugs, en Helga hugði illt til ráða.

Nú er at segja frá Gunnlaugi, at hann fór af Svíþjóðu þat sumar til Englands, er Hrafn fór til Íslands, ok þá góðar gjafar af Óláfi konungi at skilnaði þeira.

Aðalráðr konungr tók við Gunnlaugi allvel, ok var hann með honum um vetrinn með góðri sœmð. Í þenna tíma réð fyrir Danmǫrku Knútr inn ríki Sveinsson[1] ok heitaðisk jafnan at herja til Englands, fyrir því at Sveinn konungr, faðir hans, hafði unnit mikit ríki á Englandi, áðr hann andaðisk vestr þar. Ok í þann tíma var mikill herr danskra manna vestr þar.

Um várit bað Gunnlaugr konunginn [i.e. Aðalráð] sér orlofs til brottferðar. Hann svarar: „Eigi samir þér nú at fara frá mér, til slíks ófriðar sem nú horfir hér í Englandi, þar sem þú ert minn hirðmaðr.“ Gunnlaugr svarar: „Þér skuluð ráða, minn herra, ok gef mér orlof at sumri til brottferðar, ef Danir koma eigi.“ Konungr svarar: „Sjám vit þá.“

[1] *Knútr*: Nom Sg. des Männernamens *Knútr*; Flexion: *Knútr, Knúts, Knúti, Knút*. *Sveins*: Gen. Sg. des Männernamens *Sveinn*; Flexion: *Sveinn, Sveins, Sveini, Svein*. König Knútr Sveinsson herrschte in der ersten Hälfte des 11. Jahrhunderts in Dänemark.

Übungen

1. Übersetzen Sie Text 7.

Erkennen von Wortarten

2. Bestimmen Sie die Wortart der unterpunkteten Wörter aus Text 7 und – soweit möglich bzw. zutreffend – deren Kasus, Numerus und Genus.

Wörter	Wortart	Kasus	Numerus	Genus
fǫður sínum				

3. Stellen Sie alle Möglichkeiten zusammen, wie die Wörter *þá, mitt, er, sem* und *á* übersetzt werden können.

þá:

____

____

____

____

mitt:

____

____

____

____

er:

____

____

____

____

sem:

____

____

____

____

á:

____

____

____

____

Übersetzungsmöglichkeiten für das Mediopassiv

4.

Haugen, S. 129; 174–175 (§§ 96, Abb. 8.9; 159–159.4)

Suchen Sie aus den Texten der Lektionen 4–7 alle Verbformen im Mediopassiv heraus und tragen Sie Ihre Übersetzung in die richtige Spalte ein.

Verbform im Mediopassiv, Text, Z. ...	Reflexive Übersetzung	Reziproke Übersetzung	Ingressive Übersetzung	Passivische Übersetzung

Verbform im Mediopassiv, Text, Z. ...	**Reflexive Übersetzung**	**Reziproke Übersetzung**	**Ingressive Übersetzung**	**Passivische Übersetzung**

In **Service Grammatik** finden Sie Beispiele für ingressive Verben im Deutschen.

5. Vokabeln

andask	sterben
heðan	von hier
heitask	drohen
frestask	sich verzögern
huga, hugði, hugat	denken
sœmð, sœmðar f.	Ehre
herr, herrjar m.	Kriegsvolk
menning, menningar f.	Erziehung, Bildung
tilkváma, -kvámu f.	Ankunft
þiggja, þá, þágu, þegit, 5. Kl.	erhalten
áðr	zuvor, bevor
horfa, horfði, horft	sich wenden

Strukturen des Akkusativ mit Infinitiv

6.

Haugen, S. 160–161 (§§ 138–139)

Analysieren Sie in den folgenden Sätzen die Konstruktion des AcI und die zugrundeliegende Struktur. Beachten Sie die Funktion des Reflexivpronomens.

6.1 *Gunnlaugr kvezk þó vilja fara fyrst út til Íslands á vit festarmeyjar sinnar.*

____

____

____

____

6.2 *Gunnlaugr kvazk þá þegar vilja ofan ríða til Borgar.*

____

____

____

____

6.3 *Jarl kvazk hlýða vilja kvæði hans.*

____

____

____

____

6.4 *Gunnlaugr þakkaði honum gjǫfina ok boð it sama, en kvezk verða at fara austr til Svíþjóðar.*

____

____

____

____

6.5 Schreiben Sie aus der Grammatik die Verben, die häufig den AcI nach sich ziehen, auf eine Karteikarte und lernen Sie sie.

Lektion 7+: Vertiefung und Erweiterung

1. Benennen Sie die phonologischen und morphologischen Regeln, die in folgenden Wörtern deutlich werden, und tragen Sie das jeweilige Lemma ein. Übersetzen Sie:

Wort	phon. und morph. Regeln	Lemma	Übersetzung
unnit			
kǫlluðu			
bautt			
lǽtr			
gekk			
brýtr			
þó			
sprakk			
batt			
eykr			

2. Finden Sie im Text von Lektion 7 sieben verschiedene Substantive mit definitem suffigiertem Artikel.
Trennen Sie die suffigierten Artikel von den Substantiven.
Schreiben Sie die Substantive in demselben Kasus in der indefiniten Form auf.
Trennen Sie anschließend die indefiniten Substantivformen in Stamm und Endung.

Def. Subst., Text 7, Z. ...	**suff. Art.**	**Indef. Subst.**	**Stamm**	**Endung**

3. Bestimmen Sie die folgenden Verben aus Text 7 nach Person, Numerus, Tempus Modus:

Verb, Text 7, Z. ...	**Pers.**	**Numerus**	**Tempus**	**Modus**
mælti, Z. 3				
gengu, Z. 8				
svarar, Z. 11				

Verb, Text 7, Z. …	Pers.	Numerus	Tempus	Modus
má, Z. 13				
skuluð, Z. 37				
sjám, Z. 39				

4. Übersetzen Sie die folgenden Wörter. Geben Sie jeweils den Nominativ Singular maskulin des Adjektivs im Positiv an.

Wort	Übersetzung	N. Sg. m.
hvassari		
sannastr		
glaðastr		
sannari		

5. Überprüfen Sie Ihr Wissen aus Lektion 1–7.

5.1 Markieren Sie die Präteritopräsentien in Text 6 und bestimmen Sie sie kontextgemäß nach den grammatischen Kategorien Person, Numerus, Tempus, Modus und übersetzen Sie.

Präteritopräsens Text 6, Z. …	Person	Numerus	Tempus	Modus	Inf.	Übersetzung

Präteritopräsens Text 6, Z. ...	**Person**	**Numerus**	**Tempus**	**Modus**	**Inf.**	**Übersetzung**

5.2 Ordnen Sie die richtige Übersetzung zu, indem Sie die entsprechende Ziffer zuordnen.

Altnordischer Text		**Zuordnung**	**Ziffer**	**Übersetzung**
Hann virðisk vel.	A		1	Er erklärte, er werde reiten.
Skip gengu milli landa.	B		2	Er wurde zum Gefolgsmann gemacht.
Þá bað hann konung orlofs.	C		3	Er machte einen guten Eindruck.
Hann gerðisk hirðmaðr.	D		4	Schiffe fuhren zwischen den Ländern.
Hann kvazk ríða mundu.	E		5	Dann bat er den König um Erlaubnis.

Lektion 8

Einleitung: Was Sie in dieser Lektion lernen

- Wie schwache neutrale Substantive flektiert werden.
- Die Funktionen der Modi Indikativ und Konjunktiv in Haupt- und Nebensätzen.

Text 8

Nú leið þat sumar ok vetrinn eptir, ok kómu Danir eigi. Ok eptir mitt sumar fekk Gunnlaugr orlof til brottferðar af konungi, ok fór Gunnlaugr þaðan austr til Nóregs ok fann Eirík jarl í Þrándheimi, á Hlǫðum,[1] ok tók jarl honum þá vel ok bauð honum þá með sér at vera. Gunnlaugr þakkar honum boðit ok kvezk þó vilja fara fyrst út til Íslands á vit festarmeyjar sinnar.

Jarl mælti: „Nú eru ǫll skip í brottu, þau er til Íslands bjuggusk." Þá mælti hirðmaðr einn: „Hér lá Hallfreðr[2] vandræðaskáld í gær út undir Agðanesi." Jarl svarar: „Svá má vera," segir hann, „hann sigldi heðan fyrir fimm náttum." Eiríkr jarl lét þá flytja Gunnlaug út til Hallfreðar, ok gaf þegar byr undan landi, ok váru vel kátir. Þat var síð sumars.

Hallfreðr mælti til Gunnlaugs: „Hefir þú frétt bónorðit Hrafns Ǫnundarsonar við Helgu ina fǫgru?" Gunnlaugr kvezk frétt hafa ok þó ógǫrla.[3] Hallfreðr segir honum slíkt sem hann vissi af ok þat með, at margir menn mæltu þat, at Hrafn væri eigi órǫskvari en Gunnlaugr.

Þeir tóku land hálfum mánaði fyrir vetr ok skipuðu upp.

Þeir Hallfreðr riðu tólf menn saman ok kómu suðr á Gilsbakka í Borgarfirði þat laugarkveld, er þeir sátu at brúðlaupinu at Borg.

---

1 *Eirík*: Akk. Sg. des Männernamens *Eiríkr*; Flexion: *Eiríkr, Eiríks, Eiríki, Eirík*; *á Hlǫðum*: in Hlaðir. Eiríkr war Anfang des 11. Jahrhunderts Jarl in Hlaðir bei Þrándheimr, d. h. Lade bei Trondheim.

2 *Hallfreðr*: Nom. Sg. des Männernamens *Hallfreðr*; Flexion: *Hallfreðr, Hallfreðar, Hallfreði, Hallfreð*. Der Beiname bedeutet soviel wie 'Skalde, der Schwierigkeiten bereitet', 'Schwierigkeitsdichter'. Eine modernere Übersetzung für Hallfreðr vandræðaskáld ist 'Hallfreðr, der Problemdichter'.

3 *ógǫrla*: s. *ógerla*.

Illugi varð feginn Gunnlaugi, syni sínum, ok hans fǫrunautum. Gunnlaugr kvazk þá þegar vilja ofan ríða til Borgar. Illugi kvað þat ekki ráð, ok svá sýndisk ǫllum nema Gunnlaugi. En varð ekki af ferðinni.

Nú er at segja frá Hrafni, at hann sat at brúðlaupi sínu at Borg, ok er þat flestra manna sǫgn, at brúðrin væri heldr dǫpr. Hrafn fór heim til Mosfells með Helgu, konu sína. Ok er þau hǫfðu þar skamma stund verit, þá var þat einn morgin, áðr þau risu upp, at Helga vakir, en Hrafn svaf, ok lét hann illa í svefni. Ok er hann vaknaði, spyrr Helga, hvat hann hefði dreymt. Hrafn kvað þá vísu: [...].[4] Helga mælti: „Þat mun ek aldri gráta," segir hon, „ok hafi þér illa svikit mik, ok mun Gunnlaugr út kominn," ok grét Helga þá mjǫk. Ok litlu síðar fluttisk útkváma Gunnlaugs. Helga gerðisk þá svá stirð við Hrafn, at hann fekk eigi haldit henni heima þar, ok fóru þau þá heim aptr til Borgar, ok nýtti Hrafn lítit af samvistum við hana.

Nú búask menn til boðs um vetrinn. Þorkell frá Skáney bauð Illuga svarta ok sonum hans.

Gunnlaugr ok faðir hans kómu til boðsins, ok var þeim Illuga ok sonum hans skipat í ǫndvegi. Konur sátu á palli, ok Helga renndi opt augum til Gunnlaugs, ok kemr þar at því, sem mælt er, at eigi leyna augu, ef ann kona manni. Gunnlaugr var þá vel búinn ok hafði þá klæðin þau in góðu, er Sigtryggr konungr gaf honum, ok þótti hann þá mikit afbragð annarra manna fyrir margs sakar, bæði afls ok vænleiks ok vaxtar. Ok þann dag, er menn váru í brottbúningi gekk Gunnlaugr til tals við Helgu, ok tǫluðu lengi. Ok þá gaf Gunnlaugr Helgu skikkjuna Aðalráðsnaut, ok var þat gersimi sem mest. Hon þakkaði honum vel gjǫfina.

---

4 Hrafn schildert seinen Alptraum in Form eines Skaldengedichts, einer sogenannten Lausavísa (Lose Strophe). Die Strophe, die Hrafn an dieser Stelle rezitiert, sagt seinen eigenen Tod voraus und ist somit eine Prophezeiung. Skaldenstrophen sind wegen ihrer ungrammatischen Wortfolge, ihrer anspruchsvollen Metaphorik und ‚zerstückelten' Syntax äußerst schwierig und nur mit Kenntnis des Reimschemas sinnvoll zu übersetzen – daher ist die Strophe hier ausgelassen.

Übungen

1. Übersetzen Sie Text 8.

Flexion der schwachen neutralen Substantive

2.

Haugen, S. 78–79; (§§ 42–43)

In Text 8, Zeile 33, finden Sie das Wort *augum*, Nominativ Singular *auga*. Klären Sie in der Grammatik, wie dieses Substantiv flektiert wird und lernen Sie, welche Wörter zur Gruppe der schwachen neutralen Substantive gehören.

Funktionen der Modi Indikativ und Konjunktiv in Haupt- und Nebensätzen

3.

Haugen, S. 166–176 (§§ 146–160.3)

Arbeiten Sie die Grammatik durch und notieren Sie auf Karteikarten Beispiele für die wichtigsten grammatischen Phänomene.

3.1 Wenden Sie Ihre erworbenen Kenntnisse bei der Bearbeitung der folgenden Übung an.
Bestimmen Sie den Modus der Prädikate und unterscheiden Sie dabei zwischen Haupt- und Nebensätzen. Beachten Sie bei den Nebensätzen die Unterscheidungen, die in § 153 der Grammatik vorgenommen werden.

Satz	**Prädikate**	**Modus**	**Hs/ Ns**	**Aussageart**
Ekki fór þetta tal leynt, at Hrafn bað Helgu.	fór bað	Ind. Ind.	Hs Ns	Faktizität Faktizität
Ok er þeir fundusk, þá mælti Þorsteinn ...				
„Svá er víst," segir hann, „ef þú vill."				

Satz	Prädikate	Modus	Hs/ Ns	Aussageart
„Ok eigi nenni ek, at þat sé út borit."				
Austmaðr spurði, hvat hann hefði dreymt.				
... ok keyptu þeir svá, at brúðlaup skyldi vera at vetrnáttum at Borg, ef Gunnlaugr kœmi eigi út á því sumri.				
„Ok hvergi munu vit þess koma, at ek sé minna virðr en þú."				
Ok er þat flestra manna sǫgn, at brúðrin væri heldr dǫpr.				

4. Schreiben Sie die umrahmten mediopassiven Verbformen aus Text 8 heraus und erläutern Sie Ihre Übersetzung.

Verbform	Erläuterung

Verbform	Erläuterung

5. Vokabeln

dapr, dǫpr, dapt	traurig
gerla	vollkommen, genau
miðr, mið, mitt	mittlerer
sárr, sár, sárt	verwundet
undan	weg – von
sýna, sýndi, sýnt	zeigen, erweisen
sýnask	passend erscheinen, geeignet vorkommen

Lektion 8+: Vertiefung und Erweiterung

1. Setzen Sie Subjekt und Prädikat der folgenden Sätze in den Singular bzw. in den Plural:

   Hann gerir svá.

   ____

   ____

   Þeir váru báðir fyrir konungi.

   ____

   ____

   Þat er stórort kvæði ok ófagrt ok nǫkkut stirðkveðit.

   ____

   ____

   Hann var ríkr konungr.

   ____

   ____

   Þetta er fagrt kvæði.

   ____

   ____

   Ok er hann var til brottferðar búinn, ...

   ____

   ____

2. Suchen Sie alle Adverben aus Text 8, Zeile 1–20, heraus und klären Sie ihre Bedeutung und ihren Bezug.

Adverb, Text 8, Z. ...	**Bedeutung**	**Bezug auf**
nú, Z. 1	nun, jetzt	*leið*
eptir, Z. 1	danach	*leið*

Adverb, Text 8, Z. …	Bedeutung	Bezug auf

3. Überprüfen Sie Ihr Wissen aus Lektion 1–8.

3.1 Tragen Sie die doppelt unterstrichenen starken Verben aus Text 6, Zeilen 11–40, in die Tabelle ein und geben Sie die Ablautklassen an.

aus Text 6, Z. …	**Inf. / Kl.**	**1. Sg. Prät. Ind.**	**3. Pl. Prät. Ind.**	**Part. Perf.**
tóku				

3.2 Suchen Sie aus Text 7 alle starke Verben heraus, die in Ihrer Tabelle zu Aufgabe 3.1 noch nicht vorkommen.

aus Text 7, Z. …	**Inf. / Kl.**	**1. Sg. Prät. Ind.**	**3. Pl. Prät. Ind.**	**Part. Perf.**

aus Text 7, Z. …	**Inf. / Kl.**	**1. Sg. Prät. Ind.**	**3. Pl. Prät. Ind.**	**Part. Perf.**

3.3 Nennen Sie die Übersetzungsmöglichkeiten für das Mediopassiv, die Sie kennen.

Lektion 9

Einleitung: Was Sie in dieser Lektion lernen

- Die Funktionen der Kasus Genitiv, Dativ und Akkusativ in der norrönen Syntax.

Text 9

Ok um sumarit riðu menn fjǫlmennir til þings, Illugi svarti ok synir hans með honum, Gunnlaugr ok Hermundr, Þorsteinn Egilsson ok Kollsveinn, sonr hans, Ǫnundr frá Mosfelli ok synir hans allir. Skapti hafði þá enn lǫgsǫgu.[1] Ok einn dag á þinginu kvaddi Gunnlaugr sér hljóðs ok mælti: „Er Hrafn hér Ǫnundarson?“ Hann kvezk þar vera.

Gunnlaugr ormstunga mælti þá: „Þat veizt þú, at þú hefir fengit heitkonu minnar ok dregsk til fjandskapar við mik. Nú fyrir þat vil ek bjóða þér hólmgǫngu hér á þinginu á þriggja nátta fresti í Øxarárhólmi.“ Hrafn svarar: „Þetta er vel boðit, sem ván var at þér,“ segir hann, „ok em ek þess albúinn, þegar þú vill.“

Þetta þótti illt frændum hvárstveggja þeira, en þó váru þat lǫg í þann tíma, at bjóða hólmgǫngu. Ok er þrjár nætr váru liðnar, bjuggusk þeir til hólmgǫngu, ok fylgði Illugi svarti syni sínum til hólmsins með miklu fjǫlmenni, en Skapti lǫgsǫgumaðr fylgði Hrafni ok faðir hans ok aðrir frændr hans. Hermundr helt skildi fyrir Gunnlaug, bróður sinn, en Svertingr[2] Hafr-Bjarnarson fyrir Hrafn. Þrim mǫrkum silfrs skyldi sá leysa sik af hólminum, er sárr yrði.

Hrafn átti fyrr at hǫggva ok hjó hann í skjǫld Gunnlaugs ofanverðan, ok brast sverðit þegar sundr undir hjǫltunum, er til var hǫggvit af miklu afli. Blóðrefillinn hraut upp af skildinum ok kom á kinn Gunnlaugi, ok skeindisk hann heldr en eigi.

Þá hljópu feðr þeira þegar á millim ok margir aðrir menn.

---

1 *Hermundr, Skapti*: jeweils Nom. Sg. der Männernamen *Hermundr, Skapti*; Flexion: *Hermundr, Hermundar, Hermundi, Hermund; Skapti, Skapta, Skapta, Skapta*. *Kollsveinn* ist ein zusammengesetzter Name und flektiert daher nur in seinem zweiten Bestandteil wie der bereits erwähnte Name *Sveinn*.

2 *Svertingr*: Nom. Sg. des Männernamens *Svertingr*; Flexion: *Svertingr, Svertings, Svertingi, Sverting*.

Þá mælti Gunnlaugr: „Nú kalla ek, at Hrafn sé sigraðr, er hann er slyppr."

„En ek kalla, at þú sér sigraðr," segir Hrafn, „er þú ert sárr orðinn."

Gunnlaugr var þá reiðr mjǫk ok svarar: „Þat mynda ek vilja," segir hann, „at vit Hrafn mættimsk svá ǫðru sinni, at þú værir fjarri, faðir, at skilja okkr."

Ok við þetta skildu þeir at sinni, ok gengu menn heim til búða sinna. Ok annan dag eptir í lǫgréttu var þat í lǫg sett, at af skyldi taka hólmgǫngur allar þaðan í frá, ok var þat gǫrt at ráði allra vitrustu manna, er við váru staddir. En þar váru allir þeir, er vitrastir váru á landinu. Ok þessi hefir hólmganga síðast framið verit á Íslandi, er þeir Hrafn ok Gunnlaugr bǫrðusk.

Þá mælti Hrafn: „Nú vil ek þér bjóða, at vit farim báðir á brott af Íslandi ok gangim á hólm í Nóregi. Þar munu eigi frændr okkrir fyrir standa." Gunnlaugr svarar: „Mæl drengja heilastr, ok þenna kost vil ek gjarna þiggja, Hrafn."

Þetta þótti frændum hvárstveggja þeira illa, en fengu þó ekki at gǫrt fyrir ákafa þeira sjálfra, enda varð þat fram at koma, sem til dró.

Gunnlaugr fór norðr til Þrándheims á Hlaðir á fund Eiríks jarls ok tók jarl vel við honum ok bauð honum með sér at vera. Frétt hafði jarl áðr viðskipti þeira Hrafns, svá sem var, ok segir Gunnlaugi, at hann lagði bann fyrir, at þeir berðisk þar í hans ríki. Gunnlaugr kvað hann slíku ráða mundu, ok var Gunnlaugr þar um vetrinn ok jafnan fálátr. Jarli var sagt áðr, at Hrafn var í brottu ór Lifangri ok farinn austr til Svíþjóðar, ok því gaf hann Gunnlaugi orlof at fara ok fekk honum leiðtoga tvá til ferðarinnar.

Übungen

1. Übersetzen Sie Text 9.

2. Vokabeln

skipti, skiptis n.	Verhältnis, Streit
lǫgsaga, -sǫgu f.	Vortrag des Gesetzes
draga, dró, drógu, dregit, 6. Kl.	ziehen
dragask	sich begeben
fjandskapr, -skapar m.	Feindschaft
ofanverðr, ofanverð, ofanvert	nach oben gerichtet
ván, vánar f.	Erwartung
fylgja, fylgði, fylgt	folgen
hrjóta, hraut, hrutu, hrotit, 2. Kl.	fortspringen
slyppr, slypp, slypt	waffenlos
skeina, skeindi, skeint	leicht verwunden
leysa, leysti, leyst	loskaufen
bresta, brast, brustu, brostit, 3. Kl.	bersten
hǫggva, hjó, hjoggu, hǫgg(v)it, 7. Kl.	schlagen

Funktionen der Kasus Genitiv, Dativ und Akkusativ

3.

Haugen, S. 162–165 (§§ 140–145.4)

Arbeiten Sie die Grammatik durch, indem Sie Beispielsätze auf Karteikarten festhalten.

Bestimmen Sie dann in den folgenden Sätzen die Funktion der Kasus Genitiv, Dativ, Akkusativ.

Satz	Kasus	Funktion
Þú hefir fengit heitkonu minnar.		
Þetta þótti illt frændum.		
Ok annan dag var þat í lǫg sett.		

Satz	Kasus	Funktion
Hann skyldi leysa sik þrim mǫrkum silfrs.		
Þá kvaddi Gunnlaugr sér hljóðs.		
Þenna kost vil ek gjarna þiggja.		
Þat var gǫrt at ráði allra vitrustu manna.		

4.

Haugen S. 82–86 (§§ 45–50)

Übersetzen Sie die folgenden Wörter. Geben Sie jeweils den Nominativ Singular maskulin des Adjektivs im Positiv an.

Wort	Übersetzung	N. Sg. m.
lengstr		
ellri		
hreinstr		
minni		
yngri		
stǿrstr		
mestr		
verri		

5.

Haugen, S. 104–129 (§§ 71–96)

Flektieren Sie die folgenden Verben im Präsens und Präteritum Indikativ.

Schwache Verben:

leggja, telja-Kl., 'legen' *hefna*, døma-Kl., 'rächen'

		Präs. Ind.	Prät. Ind.	Präs. Ind.	Prät. Ind.
Sg.	**1.**	*legg*	*lagða*	*hefni*	*hefnda*
	2.				
	3.				
Pl.	**1.**				
	2.				
	3.				

Starke Verben:

bjóða, 2. Kl., 'bieten' *bjarga*, 3. Kl., 'bergen'

		Präs. Ind.	Prät. Ind.	Präs. Ind.	Prät. Ind.
Sg.	**1.**	*býð*	*bauð*	*berg*	*barg*
	2.				
	3.				
Pl.	**1.**				
	2.				
	3.				

Lektion 9+: Vertiefung und Erweiterung

1. Setzen Sie die folgenden Verbformen vom Indikativ in den Konjunktiv oder umgekehrt und notieren Sie die jeweiligen Lemmata aus dem Wörterbuch.

Verbform	Umwandlung Ind./Konj.	Lemma
ǽttim		
gaf		
riðuð		
bǽri		
var		
mǽlta		
fóru		
yrðið		

2. Flektieren Sie *annarr* im Maskulinum.

Sg. m.	Pl. m.
annarr	

3. Flektieren Sie und benennen Sie die phonologischen und morphologischen Regeln des Substantivs.

Pl.		f.	phon. und morph. Regeln
	N	*þrjár merkr*	
	G		
	D		
	A		

Lektion 10

Einleitung: Was Sie in dieser Lektion lernen

- Wo der Schwerpunkt Ihrer Wiederholung liegen sollte.

Text 10

Nú ferr Gunnlaugr af Hlǫðum við sjaunda mann inn í Lifangr, ok þann morgin hafði Hrafn farit þaðan með fimmta mann, er Gunnlaugr kom þar um kveldit. Þaðan fór Gunnlaugr í Veradal ok kom þar at kveldi jafnan, sem Hrafn hafði áðr verit um nóttina. Gunnlaugr ferr ok dvalði þá ekki ferðina ok fór þegar um nóttina. Ok um morgininn í sólarroð þá sá hvárir aðra. Þeir Hrafn váru fimm saman.

Ok er þeir mœttusk, þá mælti Gunnlaugr: „Þat er nú vel, er vit hǫfum fundizk." Síðan gengusk þeir at, bǫrðusk frœknliga. Ok þá bǫrðusk þeir tveir með stórum hǫggum ok øruggum atgangi.

Gunnlaugr hafði þá sverðit Aðalráðsnaut, ok var þat it bazta vápn. Gunnlaugr hjó þá um síðir til Hrafns mikit hǫgg með sverðinu ok undan Hrafni fótinn. Hrafn fell þó eigi at heldr ok hnekkði þá at stofni einum ok studdi þar á stúfinum.

Þá mælti Gunnlaugr: „Nú ertu óvígr," segir hann, „ok vil ek eigi lengr berjask við þik, ørkumlaðan mann."

Hrafn svaraði: „Svá er þat," segir hann, „at mjǫk hefir á leikizk minn hluta, en þó myndi mér enn vel duga, ef ek fenga at drekka nǫkkut." Gunnlaugr svarar: „Svík mik þá eigi," segir hann, „ef ek fœri þér vatn í hjálmi mínum." Hrafn svarar: „Eigi mun ek svíkja þík," segir hann.

Síðan gekk Gunnlaugr til lœkjar eins ok sótti í hjálminum ok fœrði Hrafni. En hann seildisk í mót inni vinstri hendinni, en hjó í hǫfuð Gunnlaugi með sverðinu inni hœgri hendi, ok varð þat allmikit sár. Þá mælti Gunnlaugr: „Illa sveiktu mik nú." Hrafn svarar: „Satt er þat," segir hann, „en þat gekk mér til þess, at ek ann þér eigi faðmlagsins Helgu innar fǫgru."

Ok þá bǫrðusk þeir enn í ákafa, en svá lauk at lykðum, at Gunnlaugr bar af Hrafni, ok lét Hrafn þar líf sitt. Þá gengu fram leiðtogar jarlsins ok bundu hǫfuðsárit Gunnlaugs.

Þeir fœrðu Gunnlaug á hest sinn eptir þat ok kómusk með hann allt ofan í Lifangr. Ok þar lá hann þrjár nætr ok fekk alla þjónustu af presti ok andaðisk síðan ok var þar jarðaðr at kirkju. Ǫllum þótti mikill skaði at um hvárntveggja þeira, Gunnlaug ok Hrafn, með þeim atburðum, sem varð um líflát þeira.

Ok um sumarit annat eptir á alþingi mælti Illugi svarti til Ǫnundar at Lǫgbergi: „Hverju villtu bœta mér son minn," sagði hann, „er Hrafn, sonr þinn, sveik hann í tryggðum?" Ǫnundr svarar: „Fjarkominn þykkisk ek til þess," sagði hann, „at bœta hann, svá sárt sem ek helt á þeira fundi. Mun ek ok engra bóta beiða þik fyrir minn son." Illugi svarar: „Kenna skal þá nǫkkurr at skauti þinn frændi eða þinna ættmanna." Ok eptir þingit um sumarit var Illugi jafnan dapr mjǫk. Þat er sagt um haustit, at Illugi reið heiman af Gilsbakka með þrjá tigu manna ok kom til Mosfells snimma morgins. Ǫnundr komsk í kirkju ok synir hans, en Illugi tók frændr hans tvá. Hét annarr Bjǫrn, en annarr Þorgrímr. Hann lét drepa Bjǫrn, en fóthǫggva Þorgrím. Reið Illugi heim eptir þat, ok varð þessa engi rétting af Ǫnundi. Ok með þessu skilr skipti þeira Illuga svarta ok Ǫnundar at Mosfelli.

Þorsteinn Egilsson gipti Helgu, dóttur sína, er stundir liðu fram, þeim manni, er Þorkell[1] hét ok var Hallkelsson. Hann bjó út í Hraunsdal. Ok fór Helga til bús með honum ok varð honum lítt unnandi, því at hon verðr aldri afhuga Gunnlaugi, þótt hann væri dauðr. En Þorkell var þó vaskr maðr at sér ok auðigr at fé ok skáld gott. Þau áttu bǫrn saman.

Þat var helzt gaman Helgu, at hon rekði skikkjuna Gunnlaugsnaut ok horfði þar á lǫngum.

Ok eitt sinn kom þar sótt mikil á bœ þeira Þorkels ok Helgu, ok krǫmðusk margir lengi. Helga tók þá ok þyngð ok lá þó eigi. Ok einn laugaraptan sat Helga í eldskála ok hneigði hǫfuð í kné Þorkatli, bónda sínum, ok lét senda eptir skikkjunni Gunnlaugsnaut. Ok er skikkjan kom til hennar, þá settisk hon upp ok rakði

[1] *Þorkell*: Nom. Sg. des Männernamens *Þorkell*; Flexion: *Þorkell, Þorkels, Þorkatli / Þorkeli, Þorkel.*

skikkjuna fyrir sér ok horfði á um stund. Ok síðan hné hon aptr í fang bónda sínum ok var þá ørend. Helga var til kirkju fœrð, en Þorkell bjó þar eptir, ok þótti allmikit fráfall Helgu, sem ván var at. Ok lýkr þar nú sǫgunni.

Übungen

Wiederholung

Die Übungen dieser Lektion dienen Ihnen als Wiederholung. Achten Sie darauf, wo Sie noch Schwierigkeiten haben. Schauen Sie im Register, wo Sie die Übungen dazu finden.

1. Bestimmen Sie aus Text 10 die Wortart der unterpunkteten Wörter.
Bestimmen Sie deren grammatische Kategorien.

Wort aus Text 10, Z. …	Wortart	Grammatische Kategorien

Wort aus Text 10, Z. …	Wortart	Grammatische Kategorien

2. Vokabeln

bœta, bœtti, bœtt	Buße zahlen
svíkja, sveik, sviku, svikit, 1. Kl.	betrügen
skaut, skauts n.	Tuch, Zipfel eines Kleidungsstücks
rekja, rakti, rakit	entfalten
trygð, trygðar f. (meist Pl. trygðir)	Treue
sótt, sóttar f.	Krankheit
kremja, kramdi, kramit	heimsuchen (Krankheiten)
þyngd, þyngdar f.	Krankheit
bót, bótar f.	Buße
hneigja, hneigði, hneigt	neigen
lúka, lauk, luku, lokit, 2. Kl.	schließen, enden
rétting, réttingar f.	Wiedergutmachung
beiða e-n, beiddi, beitt	verlangen von jmd.
hníga, hné, hnigu, hnigit, 1. Kl.	sich neigen, fallen

3. Bestimmen Sie, ob es sich bei den folgenden Nominativen um die starke oder die schwache Adjektivflexion handelt. Flektieren Sie *gamall maðr, ungr hestr, hús it langa* jeweils im Positiv.

		m.	m.	n.
Sg.	N	*gamall maðr*	*ungr hestr*	*hús it langa*
	G			
	D			
	A			

Pl.	N			
	G			
	D			
	A			

4. **Haugen, S. 82–86 (§§ 45–50)**

Übersetzen Sie die folgenden Wörter. Geben Sie jeweils den Nominativ Singular maskulin des Adjektivs im Positiv an.

Wort	Übersetzung	N. Sg. m.
fegri		
ellztr		
breiðastr		
yngstr		
fleiri		
fullari		

5. Ergänzen Sie die fehlenden Verbformen und vermerken Sie die Ablautklassen.

Inf./ Kl.	1. Sg. Präs. Ind.	1. Sg. Prät. Ind.	1. Pl. Prät. Ind.	Part. Perf.
kveða				
		nam		
			fórum	
				legit
	geng			
			gáfum	

Inf./ Kl.	1. Sg. Präs. Ind.	1. Sg. Prät. Ind.	1. Pl. Prät. Ind.	Part. Perf.
búa				
		hét		
			fengum	
				hlaupit

6. Ordnen Sie die folgenden Wörter in die Tabelle ein und unterscheiden Sie, wo es möglich ist, zwischen phonologischen und morphologischen Regeln. Manche Wörter haben zwei Regeln. Ordnen Sie sie doppelt zu.

Þorkell *fekk* *vellir* *aðra* *họfum* *sjám*
bjarga *himni* *Ingibjọrg* *orðit* *ǽttim* *sinn*
mitt *Agli*

phon. und morph. Regeln	Wort	phonologisch / morphologisch
u-Umlaut		
i-Umlaut		
Progressive Konsonantenass.		
Regressive Konsonantenass.		
Übergang von *n* → *ð* vor *r*		

phon. und morph. Regeln	Wort	phonologisch / morphologisch
v-Schwund vor gerundetem Vokal		
Brechung		
Ausfall eines schwachtonigen Vokals bei vokalisch anlautender Endung (Synkope)		
Kontraktion		

Lektion 10+: Vertiefung und Erweiterung

1. Überprüfen Sie Ihr Wissen aus Lektion 1–10.

Haugen, S. 166 (§ 146–146.2)

Bearbeiten Sie den Abschnitt des Textes aus Lektion 10: *Síðan gekk Gunnlaugr til lœkjar – sem varð um líflát þeira* (Z. 18–29).

1.1 Markieren Sie die Substantive in definiter Form und begründen Sie den definiten Gebrauch. Überprüfen Sie Ihre Ergebnisse in der Grammatik.

1.2 Schreiben Sie die Adjektive geordnet nach starker und schwacher Flexionsform entsprechend ihrer Stellung bei indefiniten und definiten Substantiven heraus und begründen Sie jeweils. Überprüfen Sie Ihre Ergebnisse in der Grammatik.

Lösungen

Lösungen zu Lektion 1+

1.1	*Hann var hǫfðingi.*	Er war Häuptling.
	Oddr hét maðr.	Ein Mann hieß Oddr.
	Hann bjó á Breiðabólsstað.	Er wohnte in Breiðabólstað.
	Þuríðr hét dóttir Odds.	Eine Tochter Odds hieß Þuriðr.
	Þau áttu fjǫgur bǫrn.	Sie hatten vier Kinder.
	Helgi var bróðir Þorkels.	Helgi war ein Bruder Þorkels.
	Þær systr.	Diese Schwestern.
	Þenna tíma.	Zu dieser Zeit.
	Þau Oddr.	Oddr und seine Leute (männlichen und weiblichen Geschlechts).

1.2 Norrön ist die Sprache, die im Mittelalter in **Norwegen, Island, Grönland, den Färöern, Shetland- und Orkneyinseln, Teilen der Hebriden, Man, Irland, Schottland, Nordwestengland** gesprochen und geschrieben wurde. Im Norden Norwegens und Schwedens wurde **Samisch** gesprochen. Die Sprachstufe vor dem Altnordischen wird als **Urnordisch** bezeichnet, sie endet etwa um **700.** Bis zur Mitte des **11.** Jahrhunderts kann man von einer gemeinsamen Sprache des Nordens ausgehen, die der große isländische Gelehrte **Snorri Sturluson** als dǫnsk tunga bezeichnet.

Ab der Mitte des **14.** Jahrhunderts werden die Unterschiede zwischen den nordischen Sprachen deutlicher. Sie werden als **Mittelnorwegisch** für Norwegen, als **jüngeres Altschwedisch** für Schweden und als **jüngeres Mitteldänisch** für Dänemark bezeichnet.

Im Norrönen gibt es die Diphthonge **ei, au, ey.** Die Vokale **i, a, u** kommen in schwachtoniger Stellung vor.

1.3 A6, B7, C1, D5, E3, F4, G2

Lösungen zu Lektion 2+

1.

Text 2, Z. ...	Personalform st. V.	Personalform schw. V.
13	*lét*	
13	*flugu*	
14		*vaknaða*
15		*mælti*
15, 21, 23	*er*	
17		*þóttu*
18		*leggja*
19	*fló*	
20		*hefi*
21		*svarar*
21		*sagði*
22		*lagði*
22	*fór*	

2.

Flektierte Form	Übersetzung	Lemma
sǫgurnar	die Erzählungen	*saga*
menninir	die Männer	*maðr*
orðit	geworden	*verða*
bǫrnum	Kindern	*barn*
velli	(einem) Feld	*vǫllr*
firðir	Fjorde	*fjǫrðr*
feðrana	die Väter	*faðir*
urðum	wir wurden	*verða*
møðr	Mütter	*móðir*
sat	er, sie, es saß	*sitja*

3.

Sg.	N	*sú móðir*	*sonr*[1] *þinn*	*sjá/þessi dóttir*
	G	*þeirar móður*	*sonar þíns*	*þessar/þessarar dóttur*
	D	*þeiri móður*	*søni þínum*	*þessi/þessari dóttur*
	A	*þá móður*	*son þinn*	*þessa dóttur*
Pl.	N	*þǽr mǿðr*	*sønir þínir*	*þessar dǿttr*
	G	*þeira mǿðra*	*sona þinna*	*þessa/þessara dǿttra*
	D	*þeim mǿðrum*	*sonum þínum*	*þessum/þeima dǿttrum*
	A	*þǽr mǿðr*	*sonu þína*	*þessar dǿttr*
Sg.	N	*sumr maðr*		
	G	*sums manns*		
	D	*sumum manni*		
	A	*suman mann*		
Pl.	N	*sumir menn*		
	G	*sumra manna*		
	D	*sumum mǫnnum*		
	A	*suma menn*		

4.1 *Hann áttu þá konu er Jórunn hét.*
Er hatte die Frau, die Jórunn hieß.

Torfi hét maðr ok var Valbrandsson.
Ein Mann hieß Torfi und war ein Sohn von Valbrand.

Arngrímr hét maðr, Helgason, Hǫgna sonar.
Ein Mann hieß Arngrímr, ein Sohn Helgis, eines Sohnes von Hǫgni.

Hann bjó í Norðrtungu.[2]
Er wohnte auf der Nordzunge/ in Norðrtunga.

Helgi hét son hans.
Sein Sohn hieß Helgi.

[1] Beachten Sie die zahlreichen Nebenformen, Haugen S. 65 (§ 28), Kommentare.

[2] Wörtl.: Nordzunge.

Þorkell trefill[3] *hét maðr; hann var Rauða-Bjarnarson.*
Ein Mann hieß Þorkell trefill; er war ein Sohn von Rauði-Bjǫrn.

Þorkell trefill var vitr maðr ok auðigr at fé.
Þorkell trefill war ein kluger Mann und reich an Vermögen (oder: reich an Vieh).

4.2

Wort	**Gen. Sg.**	**Genus**	**Übersetzung**
maðr	*manns*	m.	Mann, Mensch
barn	*barns*	n.	Kind
bóndi	*bónda*	m.	Bauer
dagr	*dags*	m.	Tag
dóttir	*dóttur*	f.	Tochter
fé	*fjár*	n.	Vieh, Vermögen
móðir	*móður*	f.	Mutter
saga	*sǫgu*	f.	Geschichte
skip	*skips*	n.	Schiff
sonr	*sonar*	m.	Sohn
ætt	*ættar*	f.	Familie, Geschlecht
armr	*arms*	m.	Arm
gestr	*gests*	m.	Gast

4.3

aus Text 1 oder 2	**Zuordnung**	**phon. und morph. Regeln.**
(Borgar-)firði	*fjǫrðr m.*	i-Umlaut, morph.
sǫgu	*saga f.*	u-Umlaut, phon.
eitt	*einn*	Regressive Konsonantenassimilation
hǫfðu	*hafa*	u-Umlaut, phon.
orðit	*verða*	v-Schwund im Anlaut vor gerundetem Vokal
fjǫllunum	*fjall n.*	u-Umlaut, phon.

3 Beinamen werden nicht übersetzt; *trefill, trefils* m. Fetzen, Lumpen.

aus Text 1 oder 2	Zuordnung	phon. und morph. Regeln.
sǫmu	*samr*	u-Umlaut, phon.
ernirnir	*ǫrn m.*	i-Umlaut, phon.

5.

5.1 4 und 5

5.2 11: var, var, vera, taka, er, helt, óx, varð, tók, varð, tók

Lösungen zu Lektion 3+

1.

Haugen S. 93–95 (§§ 59–59.3)

Text 3, Z.	def. Subst. mit suff. Art.	Trennung	indef. Form	Stamm/ Endung	Kasus	Numerus	Genus
1	*barnit*	*barn-it*	*barn*	*barn-*	Nom.	Sg.	n.
6	*veizlunni*	*veizlu-inni*	*veizlu*	*veizl-u*	Dat.	Sg.	f.
8	*bekkinum*	*bekki-inum*	*bekki*	*bekk-i*	Dat.	Sg.	m.

2.

Haugen, S. 92–93 (§§ 58.3; 58.4)[4]

		m.	f.	n.
Sg.	N	*engi--*	*engi--*	*ekki--*
	G	*enski-s*	*eng-rar*	*enski-s*
	D	*eng-um*	*eng-ri*	*eng-u*
	A	*eng-an*	*eng-a*	*ekki--*
		m.	**f.**	**n.**
Pl.	N	*eng-ir*	*eng-ar*	*engi--*
	G	*eng-ra*	*eng-ra*	*eng-ra*
	D	*eng-um*	*eng-um*	*eng-um*
	A	*eng-a*	*eng-ar*	*engi--*

		m.	f.	n.
Sg.	N	*nǫkkur-r*	*nǫkkur--*	*nǫkku-t*
	G	*nǫkkur-s*	*nǫkkur-rar*	*nǫkkur-s*
	D	*nǫkkur-um*	*nǫkkur-ri*	*nǫkkur-u*
	A	*nǫkkur-n*	*nǫkkur-a*	*nǫkku-t*

4 Beachten Sie die älteren Formen, Haugen, S. 93 (§ 58.4).

Pl.		m.	f.	n.
	N	*nǫkkur-ir*	*nǫkkur-ar*	*nǫkkur--*
	G	*nǫkkur-ra*	*nǫkkur-ra*	*nǫkkur-ra*
	D	*nǫkkur-um*	*nǫkkur-um*	*nǫkkur-um*
	A	*nǫkkur-a*	*nǫkkur-ar*	*nǫkkur--*

3.1

Zitat	**Genus**	**def. Form**
sumar	n.	*sumarit*
vetr	m.	*vetrinn*
þings	n.	*þingsins*
hǫfðingja (Gen. Pl.)	m.	*hǫfðingjanna*
barni	n.	*barninu*
fé	n.	*féit*
meybarn	n.	*meybarnit*
sǫgu (Dat. Sg.)	f.	*sǫgunni*
konur	f.	*konurnar*
draums	m.	*draumsins*
smalamann	m.	*smalamanninn*
ǫrn	m.	*ǫrninn*
hest	m.	*hestinn*
virðingu (Dat. Sg.)	f.	*virðingunni*
bróðir	m.	*bróðirinn*
ǫndvegi	n.	*ǫndvegit*
hús (Nom. Pl.)	n.	*húsin*
dóttir	f.	*dóttirin*
menn (Akk. Pl.)	m.	*mennina*
fuglar	m.	*fuglarnir*

3.2

Verbform	**Lemma**	**Verbform**	**Lemma**
máttuð	*mega*	*bjuggu*	*búa*
skaltu	*skulu*	*bárum*	*bera*
mǽlti	*mǽla*	*bað*	*biðja*
hljóp	*hlaupa*	*þótti*	*þykkja*
leið	*líða*	*hét*	*heita*
várum	*vera*	*átti*	*eiga*

3.3 Þat var **eitt** sumar, at skip **kom** af hafi í Borgarfjǫrð. Ǫrn **hét** styrimaðr; **hann** var vinsæll **maðr.** Oddr **reið** nú heim. Hersteinn **reið** heim ok **sagði** fǫður **sínum** frá farmǫnnum. Nú **leið** nóttin. **Kómu** nú tíðendi **þessi** fyrir Odd.

Lösungen zu Lektion 4+

1. Aus der *Laxdœla saga*

Ketill flatnefr hét maðr, sonr Bjarnar bunu. **Hann** var hersir ríkr í Nóregi ok kynstórr. **Hann** bjó í Raumsdal í Raumsdœlafylki; **þat** er milli Sunnmœrar ok Norðmœrar. **Ketill flatnefr** átti Yngvildi, dóttur Ketils veðrs, ágæts manns. **Þeira bǫrn** váru fimm: Hét **einn** Bjǫrn inn austrœni, **annarr** Helgi bjólan. **Þórunn hyrna** hét dóttir Ketils, er átti **Helgi inn magri**, sonr Eyvindar austmanns ok Rafǫrtu, dóttur Kjarvals Írakonungs.
Unnr in djúpúðga var enn dóttir Ketils, er átti **Óláfr hvíti Ingjaldsson**, Fróðasonar ins frœkna, er **Svertlingar** drápu. **Jórunn manvitsbrekka** hét enn dóttir Ketils. **Hon** var móðir Ketils ins fiskna, **er** nam land í Kirkjubœ. Hans sonr var **Ásbjǫrn, faðir Þorsteins**, fǫður Surts, fǫður Sighvats lǫgsǫgumanns.

1.1

Verb-formen, Z. ...	**Inf./Ablautkl.**	**Pers.**	**Numerus**	**Tempus**	**Modus**
hét, Z. 1, 4, 5, 8	*heita, 7.*	3.	Sg.	Prät.	Ind.
var, Z. 1, 7, 9	*vera, 5.*	3.	Sg.	Prät.	Ind.
bjó, Z. 2	*búa, 7.*	3.	Sg.	Prät.	Ind.
er, Z. 2	*vera, 5.*	3.	Sg.	Präs.	Ind.
átti, Z. 3, 5, 7	*eiga*	3.	Sg.	Prät.	Ind.
váru, Z. 4	*vera, 5.*	3.	Pl.	Prät.	Ind.
drápu, Z. 8	*drepa, 5.*	3.	Pl.	Prät.	Ind.
nam, Z. 9	*nema, 4.*	3.	Sg.	Prät.	Ind.

1.2 Subjekte: **fett gedruckt.**

1.3 Ein Mann hieß Ketil Flatnef, ein Sohn des Björn Buna. Er war ein mächtiger Häuptling in Norwegen und aus großem Geschlecht. Er wohnte in Raumsdal im Raumsdalgau, das ist zwischen Sunnmœr und Nordmœr. Ketil Flatnef war mit Ingvild verheiratet, einer Tochter Ketils Veðr, eines vornehmen Mannes. Ihre Kinder waren fünf: Einer hieß Björn, aus dem Osten stammend, ein anderer Helgi Bjolan. Thorunn Hyrna hieß eine Tochter Ketils, mit der Helgi der Magere verheiratet war, ein Sohn von Eyvind Austmann und Rafarta, einer Tochter Kjarvals des Irenkönigs.
Unn die Tiefsinnige war eine weitere Tochter Ketils, mit der Olaf Hviti verheiratet war, ein Sohn Ingjalds, Sohn Frodis des Kühnen, den die Svertlinger umbrachten. Jorunn Manvitsbrekka hieß eine weitere Tochter Ketils. Sie war

die Mutter Ketils des Fischers, der Land in Kirkjuboe nahm. Sein Sohn war Asbjörn, Vater Thorsteins, des Vaters von Surt, des Vaters von dem Gesetzessprecher Sighvat.

1.4

st. Adjektivflexion	**schw. Adjektivflexion**
ríkr *stórr* *ágœts*	*magri* *djúpúðga* *hvíti* *frœkna*

Lösungen zu Lektion 5+

1.

Haugen S. 124–125; 133 (§§ 91; 92; 96 Abb. 8.8)

Inf. kunna, 'können', 'kennen'					
		Präs. Ind.	**Präs. Konj.**	**Prät. Ind.**	**Prät. Konj.**
Sg.	1.	*kann*, ich kann	*kunna*	*kunna* ich konnte	*kynna*
	2.	*kannt*	*kunnir*	*kunnir*	*kynnir*
	3.	*kann*	*kunni*	*kunni*	*kynni*
Pl.	1.	*kunnum*, wir können	*kunnim*	*kunnum*	*kynnim*
	2.	*kunnuð*	*kunnið*	*kunnuð*	*kynnið*
	3.	*kunnu*	*kunni*	*kunnu*	*kynni*

Inf. þurfa, 'bedürfen', 'müssen'					
		Präs. Ind.	**Präs. Konj.**	**Prät. Ind.**	**Prät. Konj.**
Sg.	1.	*þarf* ich (be)darf	*þurfa*	**þurfta** ich(be)durfte	*þyrfta*
	2.	*þarft*	*þurfir*	*þurftir*	*þyrftir*
	3.	*þarf*	*þurfi*	*þurfti*	*þyrfti*
Pl.	1.	*þurfum* wir (be)dürfen	*þurfim*	*þurftum*	*þyrftim*
	2.	*þurfuð*	*þurfið*	*þurftuð*	*þyrftið*
	3.	*þurfu*	*þurfi*	*þurftu*	*þyrfti*

Inf.: muna, 'sich erinnern'					
		Präs. Ind.	**Präs. Konj.**	**Prät. Ind.**	**Prät. Konj.**
Sg.	**1.**	*man*	*muna*	*munda*	*mynda*
	2.	*mant*	*munir*	*mundir*	*myndir*
	3.	*man*	*muni*	*mundi*	*myndi*
Pl.	**1.**	*munum*	*munim*	*mundum*	*myndim*
	2.	*munuð*	*munið*	*munduð*	*myndið*
	3.	*munu*	*muni*	*mundu*	*myndi*

2.

		Präs. Ind.	**Präs. Konj.**	**Prät. Ind.**	**Prät. Konj.**
Sg.	**1.**	*kveðumk*	*kveðumk*	*kváðumk*	*kvǽðumk*
	2.	*kvezk*	*kveðisk*	*kvazk*	*kvǽðisk*
	3.	*kvezk*	*kveðisk*	*kvazk*	*kvǽðisk*
Pl.	**1.**	*kveðumsk*	*kveðimsk*	*kváðumsk*	*kvǽðimsk*
	2.	*kveðizk*	*kveðizk*	*kváðuzk*	*kvǽðizk*
	3.	*kveðask*	*kveðisk*	*kváðusk*	*kvǽðisk*

3. Textausschnitt aus der *Egils saga Skalla-Grímssonar*:

Þá er Egill var tólf vetra **gamall** var hann svá **mikill** vexti at fáir váru menn svá **stórir** ok at afli búnir at Egill ynni þá eigi flesta menn í leikum; þann vetr, er honum var inn tólfti, var hann mjǫk at leikum. Þórðr Granason var þá á tvítugs aldri; hann var **sterkr** at afli; þat var opt, er á leið vetrinn, at þeim Agli ok Þórði tveimr var skipt í móti Skalla-Grími.

Þat var eitt sinn um vetrinn, er á leið, at knattleikr var at Borg suðr í Sandvík; þá váru þeir Þórðr í móti Skalla-Grími í leiknum, ok mœddisk hann fyrir þeim, ok gekk þeim léttara. En um kveldit eptir sólarfall, þá tók þeim Agli verr at ganga; gerðisk Grímr þá svá **sterkr**, at hann greip Þórð upp og keyrði niðr svá hart, at hann lamðisk allr, ok fekk hann þegar bana; síðan greip hann til Egils.

Þorgerðr brák hét ambátt Skalla-Gríms; hon hafði fóstrat Egil í barnœsku. Hon var **mikil** fyrir sér, **sterk** sem karlar og **fjǫlkunnig** mjǫk. Brák mælti: „Hamask þú nú Skalla-Grímr, at syni þínum."

Skalla-Grímr lét þá lausan Egil, en þreif til hennar. Hon brásk við ok rann undan en Skalla-Grímr eptir; fóru þau svá í útanvert Digranes; þá hljóp hon út af bjarginu á sund. Skalla-Grímr kastaði eptir henni steini **miklum** ok setti milli herða henni og kom hvártki upp síðan; þar er nú kallað Brákarsund.

3.1 Die Verbformen sind ohne weitere Kennzeichnung in den Text eingesetzt.

3.2 Die Verben der Ablautklasse 7 sind doppelt unterstrichen.

3.3 **Die Adjektive sind fett gedruckt**. Alle sind stark flektiert.

3.4

Verb	Adv.
var	*mjǫk*, Z. 4, 17
var	*opt*, Z. 6
gekk	*léttara*, Z. 11
at ganga	*verr*, Z. 11
keyrði	*hart*, Z. 13

3.5.1 Egill wird als außerordentlich stark beschrieben.

3.5.2 Zunächst waren Egill und sein Freund Egils Vater gewachsen, nach Sonnenuntergang wuchsen Skalla-Grímr Kräfte zu.

3.5.3 Skalla-Grímr stößt ihn im Spiel so hart zu Boden, dass er stirbt.

3.5.4 Egils Kinderfrau befürchtet, dass Skalla-Grímr nun auch Egill töten könnte.

3.5.5 Skalla-Grímr lässt von Egill ab und verfolgt sie, sie springt in den Sund, er wirft einen großen Stein nach ihr, so dass sie untergeht und ertrinkt.

3.6 Als Egill zwölf Jahre alt war, war er so kräftig von Wachstum, dass wenige Männer so groß und von solcher Stärke waren, dass Egill nicht die meisten im Spiel besiegen würde. In dem Winter, in dem er zwölf Jahre alt wurde, war er oft beim Spiel. Þórðr Granason war damals im Alter von zwanzig Jahren, er war gewaltig an Kraft. Es geschah oft, als der Winter zuende ging, dass Egill und Þórðr zu zweit gegen Skalla-Grímr aufgestellt waren.
Es war einmal gegen Ende des Winters, dass ein Ballspiel südlich von Borg in Sandvik war; da waren Þórðr und Egill Skalla-Gríms Gegner im Spiel, und er ermattete ihnen gegenüber, und es ging leichter für sie. Aber am Abend, nach dem Sonnenuntergang, fing es an, für Egill und Þórðr schlechter zu gehen; da wurde Grímr so stark, dass er Þórðr aufhob und ihn so hart zu Boden schleuderte, dass er sich alles brach, und er starb sofort; dann griff er [Skalla-Grímr] nach Egill.
Eine Magd von Skalla-Grím hieß Þorgerðr Brák, sie hatte Egill in der Kindheit aufgezogen. Sie war sehr kräftig, stark wie Männer und sehr

zauberkundig. Brák sagte: „Nun gerätst du in Berserkerwut gegen deinen Sohn, Skalla-Grímr.“ Skalla-Grímr ließ Egill los und griff nach ihr. Sie machte eine heftige Bewegung und rannte davon und Skalla-Grímr hinterher. Sie kamen so in den äußersten Teil von Digranes; da sprang sie von dem Felsen in den Sund. Skalla-Grímr warf einen großen Stein nach ihr und traf sie zwischen den Schultern und keiner von beiden kam danach wieder herauf; dort wird es nun Brákarsund genannt.

Lösungen zu Lektion 6+

1.1 In diesem Frühling[5] fuhr Yngvarr nach Borg und dies war das Anliegen, dass er Skalla-Grímr zu Besuch zu sich einlud und zu dieser Fahrt lud er auch seine Tochter Bera ein und Þórólfr, ihren Sohn und diejenigen weiteren Leute, die Skalla-Grímr und Bera mitnehmen wollten; Skalla-Grímr sagte seine Fahrt zu. Dann fuhr Yngvarr nach Hause und bereitete das Fest vor und ließ dann Bier brauen. Und als der verabredete Zeitpunkt kommt, zu dem Skalla-Grímr, Bera und ihre Leute zu der Einladung ziehen sollen, da bereitet sich Þórólfr zu der Fahrt mit ihnen vor und die Hausknechte, so dass sie zusammen fünfzehn waren. Egill sprach mit seinem Vater darüber, dass er fahren wolle; „ich habe dort ebenso Verwandtschaft wie Þórólfr," sagt er. „Du sollst nicht fahren," sagt Skalla-Grímr, „weil du dich nicht darauf verstehst, dich in einer Menschenmenge aufzuhalten, da wo Trinkgelage stark sind, der du nicht gut im Umgang zu sein scheinst, wenn du nichts getrunken hast."
Dann stieg Skalla-Grímr auf sein Pferd und ritt fort. Egill aber war unzufrieden mit seinem Los. Er ging aus dem Hof und traf auf ein Packpferd, das Skalla-Grímr gehörte, stieg auf seinen Rücken und ritt hinter Skalla-Grímr und seinen Leuten her.

1.2 Spickzettel: Die Lösung dieser Aufgabe ist individuell verschieden.

- **suff. Art.**: m. armr-inn, arms-ins, armi-num, arm-inn; f. gjǫf-in, gjafarinnar, gjǫf-inni, gjǫf-ina; n. barn-it, barns-ins, barni-nu, barn-it; wie mín, minn, mitt.
- **schw.+unr. V.**: telja-Kl. flytja, berja, leggja, spyrja, skilja. døma-Kl. heyra, hitta, føra, mæla, nefna, sigla, virða, fylgja, vaka. unreg. þykkja- þótta, yrkja-orta, hafa-hafða, segja-sagða, kaupa-keypta.
- **st. V.**: 1. í-ei-i-i, ríða, reið, riðu, riðit 2. jó, jú, ú-au-u-o, brjóta, braut, brutu, brotið; krjúpa, lúka 3. bresta, brast, brustu, brostit, spinna, spann, spunnu, spunnit, verða, varð, urðu, orðit 4. bera, bar, báru, borit, koma, kom, kvámu/kómu, komit 5. e-a-á-e, gefa, drepa, biðja, liggja, vera, sjá 6. a-ó-ó-a, fara, vaxa, standa, taka 7. heita, auka, blanda, blása.
- **pp.vb.**: vita, eiga, unna, kunna, þurfa, muna, munu, skulu, mega.
- **phon. und morph. Regeln:** Umlaute: u, armr – ǫrmum; i, fórum – fœrim; g/k, dagr – degi; Ass.: menn; Überg. von *n* → *ð* vor *r*: maðr; Schwund schwton. Vokal: hamri, Brech.: hjarta, v-Schwund im Anlaut vor gerundetem Vokal: unnum.

2.1 Suffigierter Artikel: *veizlunnar, boðsins.*
2.2 Indefinite Substantive:

[5] Egill war drei Jahre alt.

m.	f.	n.
son, A. Sg., Z. 2, N. Sg.: *sonr*	*ferðar*, G. Sg., Z. 2 u. 6, N. Sg.: *ferð*	*vár*, A. Sg., Z. 1, N. Sg.: *vár*
menn, A. Pl., Z. 3, N. Sg.: *maðr*	*dóttur*, A. Sg., Z. 2, N. Sg.: *dóttir*	*ørendum*, D. Pl., Z. 1, N. Sg.: *ørendi/erendi*
húskarlar, N. Pl., Z. 6, N. Sg.: *húskarl*	*fǫr*, D. Sg. Z., 3, N. Sg.: *fǫr*	*boðs*, G. Sg., Z. 2, N. Sg.: *boð*
fǫður, D. Sg. Z. 7, N. Sg.: *faðir*	*stefnu*, D. Sg., Z. 5, N. Sg. *stefna*	*ǫl*, A. Sg., Z. 4, N. Sg.: *ǫl*
hest, A. Sg., Z. 11, N. Sg.: *hestr*	*drykkjur*, N. Pl., Z. 9, N. Sg.: *drykkja*	*kynni*, A. Sg., Z. 7, N. Sg.: *kynni*
hlut, A. Sg., Z. 11, N. Sg.: *hlutr*	-	*fjǫlmenni*, D. Sg., Z. 9, N. Sg.: *fjǫlmenni*
garði, D. Sg., Z. 12, N. Sg.: *garðr*	-	*viðskiptis*, G. Sg., Z. 9, N. Sg.: *viðskipti*
eikhest, A. Sg., Z. 12, N. Sg.: *eikhestr*	-	*bak*, A. Sg., Z. 12, N. Sg.: *bak*

2.3 Schwache und unregelmäßige Verben:

Text	**Inf.**	**Part. Perf.**
ræddi, Z. 7	*ræða*	*rætt*
vildi, Z. 7	*vilja*	*vilt*
segir, Z. 8	*segja*	*sagt*
þykkir, Z. 9	*þykkja*	*þótt*
hitti, Z. 12	*hitta*	*hitt*

2.4 Starke Verben:

Verb	**Ablautklasse**
fór, Z. 1, 4	6.
var, Z. 1	5.
bauð, Z. 1	2.
færi, Z. 3	6.
hét, Z. 3	7.
bjó, Z. 4	7.
lét, Z. 4	7.
kemr, Z. 5	4.
fara, Z. 5	6.
bjósk, Z. 5	7.
váru, Z. 6	5.

2.5 Präteritopräsentien:

Verb	**Infinitiv**
skyldi, skaltu, Z. 5, 8	*skulu*
á, átti, Z. 7, 12	*eiga*
kannt, Z. 8	*kunna*

2.6 *þat*: einfaches Demonstrativpronomen
til: Präposition
hann: Personalpronomen
þangat: Adverb
sína: Possessivpronomen
þá (Z. 3): einfaches Demonstrativpronomen
aðra: Quantor
heim: Adverb
þá (Z. 4): Adverb
þeim: Personalpronomen
fimmtán: Kardinalzahl, Quantor

2.7

Wort	**phon. und morph. Regeln**
ǫrmum	u-Umlaut, phon.
byrgim	i-Umlaut, phon.
degi	morpho-phonologischer i-Umlaut (auch: g/k-Umlaut)
steinn	progressive Konsonantenassimilation
gǫmul	u-Umlaut, morph.
fǽrim	i-Umlaut, morph.
aðrar	Übergang von *n* → *ð* vor *r*
gestr	i-Umlaut, morph.
orðit	v-Schwund im Anlaut vor gerundetem Vokal
hamri	Vokalschwund
hjalpa	Brechung

Lösungen zu Lektion 7+

1.

Haugen, S. 45–59 (§§ 22–23)

Wort	phon. und morph. Regeln	Lemma	Übersetzung
unnit	v-Schwund im Anlaut vor gerundetem Vokal	*vinna*	gearbeitet
kǫlluðu	u-Umlaut, phon.	*kalla*	sie riefen
bautt	reggressive Konsonantenassimilation	*bjóða*	du botest
lǿtr	i-Umlaut, morph.	*láta*	du lässt er, sie, es lässt
gekk	Auslautverhärtung, regressive Konsonantenassimilation	*ganga*	ich ging er, sie, es ging
brýtr	i-Umlaut, morph.	*brjóta*	du brichst er, sie, es bricht
þó	Schwund des Halbvokals -v	*þvá*	ich wusch er, sie, es wusch
sprakk	Auslautverhärtung, regressive Konsonantenassimilation	*springa*	ich sprang er, sie, es sprang
batt	Auslautverhärtung, regressive Konsonantenassimilation	*binda*	ich band er, sie, es band
eykr	i-Umlaut, morph.	*auka*	du verstärkst er, sie, es verstärkt

2.

Haugen, S. 40–44 (§§ 19–20)

def. Subst., Text 7, Z. ...	suff. Art.	indef. Form des Subst.	Genus	Stamm	Endung
sumarit, Z. 1	*-it*	*sumar*	n.	*sumar*	--
bónorðit, Z. 19	*-it*	*bónorð*	n.	*bónorð*	--
ráðsins, Z. 25	*-ins*	*ráðs*	n.	*ráð*	-s
þinginu, Z. 26	*-inu*	*þingi*	n.	*þing*	-i

def. Subst., Text 7, Z. ...	suff. Art.	indef. Form des Subst.	Genus	Stamm	Endung
vetrinn, Z. 30	*-inn*	*vetr*	m.	*vetr*	--
várit, Z. 35	-it	vár	n.	vár	--
konunginn, Z. 35	*-inn*	*konung*	m.	*konung*	--

3.

Verb, Text 7, Z. ...	Pers.	Numerus	Tempus	Modus
mælti, Z. 3	3.	Sg.	Prät.	Ind.
gengu, Z. 8	3.	Pl.	Prät.	Ind.
svarar, Z. 11	3.	Sg.	Präs.	Ind.
má, Z. 13	3.	Sg.	Präs.	Ind.
skuluð, Z. 37	2.	Pl.	Prät.	Ind.
sjám, Z. 39	1.	Dual	Präs.	Ind.

4.

Wort	Übersetzung	N. Sg. m.
hvassari	schärfer	*hvass*
sannastr	am richtigsten	*sannr*
glaðastr	am fröhlichsten	*glaðr*
sannari	richtiger	*sannr*

5.1

Präterito-präsens Text 6, Z. ...	Person	Numerus	Tempus	Modus	Inf.	Übersetzung
má, Z. 14, 15	3.	Sg.	Präs.	Ind.	*mega*	es kann
á, Z. 17	1.	Sg.	Präs.	Ind.	*eiga*	ich habe Anrecht auf
skal, Z. 19	3.	Sg.	Präs.	Ind.	*skulu*	er soll
skaltu, Z. 28	2.	Sg.	Präs.	Ind.	*skulu*	du sollst
mun, Z. 32	3.	Sg.	Präs.	Ind.	*munu*	es wird

Präterito-präsens Text 6, Z. …	**Person**	**Numerus**	**Tempus**	**Modus**	**Inf.**	**Übersetzung**
skal, Z. 36	3.	Sg.	Präs.	Ind.	*skulu*	es soll
skal, Z. 37	1.	Sg.	Präs.	Ind.	*skulu*	ich soll, ich werde
munu, Z. 39	1.	Dual	Präs.	Ind.	*munu*	werden wir beide

5.2 A3, B4, C5, D2, E1

Lösungen zu Lektion 8+

1. *Hann gerir svá.*
   Þeir gera svá.

   Þeir váru báðir fyrir konungi.
   Hann var (einn) fyrir konungi.

   Þat er stórort kvæði ok ófagrt ok nǫkkut stirðkveðit.
   Þau eru stórort kvæði ok ófǫgr ok nǫkkut stirðkveðin.

   Hann var ríkr konungr.
   Þeir váru ríkir konungar.

   Þetta er fagrt kvæði.
   Þessi eru fǫgr kvœði.

   Ok er hann var til brottferðar búinn, ...
   Ok er þeir váru til brottferðar búnir, ...

2.

Adverb, Text 8, Z. ...	Bedeutung	Bezug auf
nú, Z. 1	nun, jetzt	*leið*
eptir, Z. 1	danach	*leið*
eigi, Z. 1	nicht	*kómu*
þaðan, Z. 2	von dort	*fór*
austr, Z. 2	ostwärts	*fór*
vel, Z. 3	gut	*tók*
þá, Z. 4	da, damals	*bauð*
þó, Z. 4	doch, aber	*kvezk*
fyrst, Z. 5	vorher	*vilja fara*
(í) gær, Z. 7	gestern	*lá*
svá, Z. 7	so	*má vera*
heðan, Z. 8	von hier	*sigldi*
þá, Z. 8	da, dann	*flytja*
þegar, Z. 9	sogleich	*gaf*
vel, Z. 9	ziemlich, recht, gut	*kátir*

Adverb, Text 8, Z. ...	**Bedeutung**	**Bezug auf**
þó, Z. 12	doch, aber	*frétt hafa*
ógǫrla, Z. 12	ungenau	*frétt hafa*
suðr, Z. 16	südwärts	*komu*
þá, Z. 18	da, dann	*kvazk*
þegar, Z. 19	sogleich	*vilja ríða*
ofan, Z. 19	hinunter, von oben hinab	*vilja ríða*

3.1

aus Text 6, Z. ...	**Inf./Kl.**	**1. Sg. Prät. Ind.**	**3. Pl. Prät. Ind.**	**Part. Perf.**
tóku, Z. 11	*taka, 6.*	*tók*	*tóku*	*tekit*
liðit, Z. 12	*líða, 1.*	*leið*	*liðu*	*liðit*
váru, Z. 13	*vera, 5.*	*var*	*váru*	*verit*
kómu, Z. 18	*koma, 4.*	*kom*	*kómu*	*komit*
látum, Z. 21	*láta, 7.*	*lét*	*létu*	*látit*
ráða, Z. 21	*ráða, 7.*	*réð*	*réðu*	*ráðit*
lokit, Z. 24	*lúka, 2.*	*lauk*	*luku*	*lokit*
sjá, Z. 30	*sjá, 5.*	*sá*	*sá*	*sét*
verða, Z. 32	*varð, 3.*	*varð*	*urðu*	*orðit*
tekit, Z. 33	*taka, s. o.*			
búinn, Z. 35	*búa, 7.*	*bjó*	*bjuggu*	*búit*
gaf, Z. 39	*gefa, 5.*	*gaf*	*gáfu*	*gefit*
fór, Z. 40	*fara, 6.*	*fór*	*fóru*	*farit*

3.2

aus Text 7, Z. ...	**Inf./Kl.**	**1. Sg. Prät. Ind.**	**3. Pl. Prät. Ind.**	**Part. Perf.**
fundusk, Z. 2	*finnask, 3.*	*fannsk*	*fundusk*	*fundizk*
bidja, Z. 4	*bidja, 5.*	*bað*	*báðu*	*beðit*
gengu, Z. 8	*ganga, 7.*	*gekk*	*gengu*	*gengit*
halda, Z. 11	*halda, 7.*	*helt*	*heldu*	*haldit*

aus Text 7, Z. …	**Inf./Kl.**	**1. Sg. Prät. Ind.**	**3. Pl. Prät. Ind.**	**Part. Perf.**
riðu, Z. 17	*ríða, 1.*	*reið*	*riðu*	*riðit*
kváðu, Z. 19	*kveða, 5.*	*kvað*	*kváðu*	*kveðit*
þá, Z. 29	*þiggja, 5.*	*þá*	*þágu*	*þegit*
unnit, Z. 33	*vinna, 3.*	*vann*	*unnu*	*unnit*

3.3 reflexiv, reziprok, ingressiv, passivisch sowie als AcI-Konstruktion

Lösungen zu Lektion 9+

1.

Verbform	Umwandlung Ind./Konj.	Lemma
ǽttim	*áttum*	*eiga*
gaf	*gǽfa/gǽfi*	*gefa*
riðuð	*riðið*	*ríða*
bǽri	*bar/báru*	*bera*
var	*vǽra/vǽri*	*vera*
mǽlta	*mǽlta*	*mǽla*
fóru	*fœri*	*fara*
yrðið	*urðuð*	*verða*

2.

Sg. m.	Pl. m.
annarr	*aðrir*
annars	*annarra*
ǫðrum	*ǫðrum*
annan	*aðra*

3.

Pl.		f.	phon. und morph. Regeln.
	N	*þrjár merkr*	i-Umlaut, morph.
	G	*þriggja marka*	
	D	*þrim(r) mǫrkum*	u-Umlaut, phon.
	A	*þrjár merkr*	i-Umlaut, morph.

Lösungen zu Lektion 10+

1.1

def. Form	Begründung
hjálminum	Die Ausrüstungsgegenstände wurden vorher genannt.
hendinni	Die linke Hand wird bezeichnet.
sverðinu	Die Ausrüstungsgegenstände wurden vorher genannt.
faðmlagsins	Es geht um eine bestimmte Umarmung, nämlich die mit Helga.
jarlsins	Der Jarl ist aus der Saga bekannt.
hǫfuðsárit	Die Kopfverletzung Gunnlaugs wurde bereits erwähnt.

1.2

indef. Form	def. Form	Begründung
	(inni) vinstri	Komparativ; steht mit definitem Artikel
	(inni) hœgri	Komparativ; steht mit definitem Artikel
allmikit		attributive Stellung, ohne Demonstrativ
satt		prädikative Stellung
	(Helgu innar) fǫgru	steht mit definitem Artikel
alla (þjónustu)		attributive Stellung, ohne Demonstrativ
mikill		attributive Stellung, ohne Demonstrativ

Übersicht über die starke und schwache Verbflexion

Starke Verben

bresta, Klasse 4 fara, Klasse 6

		Endung	Umlaute	Ablautstufe	bera	fara
Präsens Indikativ						
Sg.	1	-	**i-Umlaut**	1. Ablautstufe	ek brest-	fer-
	2	-r			þú brest-r	fer-r
	3	-r			hann brest-r	fer-r
Pl.	1	-um	**u-Umlaut**		vér brest-um	fǫr-um
	2	-ið			þér brest-ið	far-ið
	3	-a			þeir brest-a	far-a
Präsens Konjunktiv						
Sg.	1	-a			ek brest-a	far-a
	2	-ir			þú brest-ir	far-ir
	3	-i			hann brest-i	far-i
Pl.	1	-im			vér brest-im	far-im
	2	-ið			þér brest-ið	far-ið
	3	-i			þeir brest-i	far-i
Präteritum Indikativ						
Sg.	1	-		2. Ablautstufe	ek brast	fór
	2	-t			þú brast-t	fór-t
	3	-			hann brast	fór
Pl.	1	-um	**u-Umlaut**	3. Ablautstufe	vér brust-um	fór-um
	2	-uð			þér brust-uð	fór-uð
	3	-u			þeir brust-u	fór-u
Präteritum Konjunktiv						
Sg.	1	-a	**i-Umlaut**		ek bryst-a	fǿr-a
	2	-ir			þú bryst-ir	fǿr-ir
	3	-i			hann bryst-i	fǿr-i
Pl.	1	-im			vér bryst-im	fǿr-im
	2	-ið			þér bryst-ið	fǿr-ið
	3	-i			þeir bryst-i	fǿr-i
Partizip Perfekt						
m.		-inn	**u-Umlaut**	4. Ablautstufe	brost-inn	far-inn
f.		-in			brost-in	fǫr-in
n.		-it			brost-it	far-it
					'bersten'	'gehen'

Schwache Verben

		telja-Klasse kurzstämmig		**døma-Klasse** langstämmig	ohne i-Ul. der Wurzel		**kasta-Klasse**	
		telja		døma	duga		kasta	
Präsens Indikativ								
Sg.	1	**tel**		døm-i	dug-i		kast-a	
	2	**tel**-r		døm-i-r	dug-i-r		kast-**a**-r	
	3	**tel**-r		døm-i-r	dug-i-r		kast-**a**-r	
Pl.	1	**tel**-**j**-um		døm-um	dug-um		kǫst-um	**u-Ul.**
	2	**tel**-ið		døm-ið	dug-ið		kast-ið	
	3	**tel**-**j**-a		døm-a	dug-a		kast-a	
			i-Umlaut					
Präsens Konjunktiv								
Sg.	1	**tel**-**j**-a		døm-a	dug-a		kast-a	
	2	**tel**-ir		døm-ir	dug-ir		kast-ir	
	3	**tel**-i		døm-i	dug-i		kast-i	
Pl.	1	**tel**-im		døm-im	dug-im		kast-im	
	2	**tel**-ið		døm-ið	dug-ið		kast-ið	
	3	**tel**-i		døm-i	dug-i		kast-i	
					i- Umlaut			
Präteritum Indikativ								
Sg.	1	tal-d-a		døm-d -a	dug-ð-a		kast-**a**-ð-a	
	2	tal-d-ir		døm-d-ir	dug-ð-ir		kast-**a**-ð-ir	
	3	tal-d-i		døm-d-i	dug-ð-i		kast-**a**-ð-i	
Pl.	1	tǫl-d-um		døm-d-um	dug-ð-um		kǫst-**u**-ð-um	
	2	tǫl-d-uð	**u-Ul.**[1]	døm-d-uð	dug-ð-uð		kǫst-**u**-ð-uð	**u-Ul.**
	3	tǫl-d-u		døm-d-u	dug-ð-u		kǫst-**u**-ð-u	
Präteritum Konjunktiv								
Sg.	1	**tel**-d-a		døm-d-a	d**y**g-ð-a		kast-**a**-ð-a	
	2	**tel**-d-ir		døm-d-ir	d**y**g-ð-ir		kast-**a**-ð-ir	
	3	**tel**-d-i	**i-Ul.**	døm-d-i	d**y**g-ð-i	**i-Ul.**	kast-**a**-ð-i	
Pl.	1	**tel**-d-im		døm-d-im	d**y**g-ð-im		kast-**a**-ð-im	
	2	**tel**-d-ið		døm-d-ið	d**y**g-ð-ið		kast-**a**-ð-ið	
	3	**tel**-d-i		døm-d-i	d**y**g-ð-i		kast-**a**-ð-i	
Partizip Perfekt								
m.		tal-ð-r		døm-d-r	dug-a-ð-r		kast-**a**-ð-r	
f.		tal-ð		døm-d	dug-a-ð		kǫst-**u**-ð	**u-Ul.**
n.		tal-t		døm-t	dug-a-t		kast-**a**-t	
		'erzählen'		'urteilen'	'taugen'		'werfen'	

[1] Umlaute treten nur dann ein, wenn umlautbare Vokale vorhanden sind, vgl. z. B. *duga* und *vaka*: *dugðum*, aber *vǫkðum* (1. Pers. Pl. Prät. Ind.), *dygða* und *vekði* (1. Pers. Sg. Prät. Konj.). Haugen, S. 109–112; 130 (§§ 77–81; 96 Abb. 8.5). In der obigen Tabelle sind alle potentiellen Umlaute angegeben.

Service Grammatik

Überschlagen Sie diesen Teil des Lernbuches, wenn Sie ein solides grammatisches Vorwissen mitbringen.

Lektion 1

Anmerkung 13: **Genitivus Partitivus**
Dieser Genitiv ist nach dem lateinischen Wort pars ‚Teil' benannt. Er bezeichnet den Teil von einem Ganzen.

Beispiele:
Die Hälfte **ihrer Bücher** hatte sie nicht gelesen.
Eine kleine Zahl **der Einwohner** wanderte aus.

Der Duden[1] weist darauf hin, dass der Genitivus Partitivus im Deutschen seltener wird, allerdings nach manchen Maß- und Mengenangaben noch überwiegend steht.

Beispiele:
Ein Stapel **frisch gewaschener Wäsche** lag bereit.
Ein Strauß **verwelkter Nelken** ist kein überzeugendes Geschenk.

Übung 2: Abkürzungen im Wörterbuch von Walter Baetke:
Aufgenommen sind hier nur die Begriffe, die in dem Glossar der Grammatik, Haugen, S. 177 ff. nicht enthalten sind.
Maskulinum: Männlich. Der Mond, ein Tisch.
Femininum: Weiblich. Die See, eine Geschichte.
Neutrum: Sächlich. Das Holz, ein Spiel.
Singular: Einzahl; an. maðr, ein Mann.
Plural: Mehrzahl; an. menn, Männer.

Übung 7: Flektieren Sie.
Falls Sie bisher ausschließlich moderne Fremdsprachen gelernt haben, ist Ihnen der Begriff ‚Flexion' bisher eher selten begegnet. Im Altnordischen hilft Ihnen die Kenntnis von Deklination und Konjugation, die Lemmata im Wörterbuch zu finden, s. Grammatik, Haugen, S. 182.

---

[1] Duden Grammatik, 8. Aufl. 2009, § 1281.

Lektion 2

Übung 1: Segmentierung von Satzgliedern
Satzglieder sind die kleinsten Elemente eines Satzes, die sich nur gemeinsam umstellen lassen, wie Sie an dem folgenden Beispiel sehen:

Seine alte Freundin schenkte dem theaterbegeisterten jungen Mann ihre Eintrittskarte.

Sie können umstellen:

> Dem theaterbegeisterten jungen Mann / schenkte / seine alte Freundin/ ihre Eintrittskarte.
> Schenkte / seine alte Freundin / dem theaterbegeisterten jungen Mann / ihre Eintrittskarte?
> Ihre Eintrittskarte / schenkte / seine alte Freundin / dem theaterbegeisterten jungen Mann.

Das **Subjekt** gibt an, wer etwas tut:
seine alte Freundin.

Das **Prädikat** gibt an, was das Subjekt tut, es ist immer die Personalform eines Verbs und muss grammatisch kongruent zum Subjekt sein:
schenkte.

Ein **Objekt** gibt an, wen die Handlung eines Satzes betrifft. Das Verb entscheidet darüber, ob das
Objekt im Akkusativ steht:
ihre Eintrittskarte; oder ob das
Objekt im Dativ steht:
dem theaterbegeisterten jungen Mann; oder ob das
Objekt im Genitiv steht, was im Deutschen selten vorkommt:
Sie entledigte sich **des lästigen Journalisten**, indem sie die Tür zuknallte.

Übung 6.1: Bildung des Präteritums mit Dentalsuffix, bzw. mit Vokalwechsel
Sie kennen diese Bildungsweisen aus dem Englischen und dem Deutschen. Schauen Sie sich die Beispiele in der Grammatik an (Haugen, S. 29–32, § 14–15).

Übung 7: Definiter suffigierter Artikel.
Sie finden den definiten suffigierten Artikel auch in den modernen skandinavischen Sprachen, zum Beispiel:

norw. en del = (irgend)ein Teil	deler = Teile
norw. del**en** = der Teil	del**ene** = die Teile

norw. et barn = (irgend)ein Kind	barn = Kinder
norw. barn**et** = das Kind	barn**a** = die Kinder

Lektion 3

Übung 6: starke, bzw. schwache Verben
Die Bezeichnungen starke Verben (mit Ablaut) und schwache Verben (mit Dentalsuffix), bzw. starke Konjugation und schwache Konjugation stammen aus der historischen Grammatik.

Lektion 4

Übung 3: starke und schwache Adjektivflexion
Die starke und schwache Flexion von Adjektiven ist Ihnen aus dem Deutschen bekannt.[2] Sie ist allerdings nur noch in Resten vorhanden.

	m.	f.	n.
Nom. Sg.	weich**er** Stoff	warm**e** Speise	hart**es** Metall
	der weich**e** Stoff	die warm**e** Speise	das hart**e** Metall
Nom. Pl.	weich**e** Stoffe	warm**e** Speisen	hart**e** Metalle
	die weich**en** Stoffe	die warm**en** Speisen	die hart**en** Metalle

Übung 7: Präteritopräsentien
Als zugehörig zu dieser Gruppe nennt der Duden[3] für das Deutsche die Verben: dürfen, können, mögen, müssen, sollen, wissen.

Wie die Präteritopräsentien im Altnordischen haben auch im Deutschen diese Verben ihr altes, stark konjugiertes Präsens verloren, das Präteritum hat präsentische Bedeutung angenommen.
An die Stelle des alten, stark gebildeten Präteritums tritt ein neues, das nach dem Muster der schwachen Verben mit Dentalsuffix gebildet wird. Haugen, S. 124 (§ 91) nennt dies „gemischte Flexion."

Ablaut sehen Sie bei den altnordischen und den deutschen Präteritopräsentien:
ich d**a**rf, wir d**ü**rfen; ich m**a**g, wir m**ö**gen; ich w**ei**ß, wir w**i**ssen.

Ebenso kennen Sie aus dem Deutschen bereits die Bildung des Präteritums mit Dentalsuffix bei diesen Verben.

---

2 Duden Grammatik, § 456.
3 Ebd., § 696.

Beispiele: ich konn**te**, ich durf**te**, ich moch**te**, ich muss**te**, ich wuss**te**.

Übung 8: Akkusativ mit Infinitiv (AcI)
Diese Satzkonstruktion folgt im Deutschen häufig auf die Verben:
lassen, hören, sehen, fühlen, spüren, heißen[4] in Sätzen wie:

	Akkusativ +	**Infinitiv**
Sie lässt	ihn	stehen.
Er hört	das Orchester	spielen.
Sie sehen	ihre Familie	kommen.
Ich fühle (spüre)	das Gewitter	herannahen.
Der Vorgesetzte hieß	den Soldaten	schweigen.

Lektion 6

Übung 5: Flexion von Partizipien Perfekt
Wie im Deutschen wird das Partizip Perfekt nicht nur zur Bildung der Tempora Perfekt und Plusquamperfekt eingesetzt.
Es kann auch auf der Stelle eines Adjektivs stehen und muss dann flektiert werden.

Beispiele:
Die **zerstörten** Städte werden wieder aufgebaut.
Der **eingetroffene** Zug war ein ICE.

Lektion 7

Übung 4:
Ingressive Verben kennen Sie aus dem Deutschen: erblühen, antreten, aufgehen (Sonne).

4 Duden Grammatik, § 1243.

Alphabetisches Vokabelverzeichnis

andask	sterben
á	in, an, auf
áðr	bevor
ágætr, ágæt, ágætt	vornehm, berühmt
bani, bana m.	Tod
barn, barns n.	Kind
beiða e-n, beiddi, beitt	verlangen von jmd.
bera, bar báru, borit, 4. Kl.	tragen
biðja, bað, báðu, beðit, 5.Kl.	bitten
bjóða, bauð, buðu, boðit, 2. Kl.	bieten
bœta, bœtti, bœtt	Buße zahlen
bóndi, bónda m.	Bauer
bót, bótar f.	Buße
bráðr, bráð, brátt	schnell
bresta, brast, brustu, brostit, 3. Kl.	bersten
brjóta, braut, brutu, brotit, 2. Kl.	brechen
búa, bjó, bjuggu, búit, 7. Kl.	wohnen
byrr, byrjar m.	leichter Wind
dagr, dags m.	Tag
dapr, dǫpr, dapt	traurig
dóttir, dóttur f.	Tochter
draga, dró, drógu, dregit, 6. Kl.	ziehen
dragask	sich begeben
drepa, drap, drápu, drepit, 5. Kl.	erschlagen
efniligr, efnilig, efniligt	vielversprechend
eiga, á, eigu, átti, átt pp.vb.	besitzen
eira e-u, eirði, eirt	über etw. ungehalten sein
en	und, aber
enn, adv.	noch, auch
fagr, fǫgr, fagrt	schön
fara, fór, fóru, farit, 6. Kl.	gehen, fahren
fá, fekk fengu, fengit, 7. Kl.	fangen, bekommen
fé, fjár n.	Geld, Vermögen, Vieh
fjandskapr, -skapar m.	Feindschaft
fjǫlmenni, fjǫlmennis n.	Menschenmenge
flytja, flutti, flutt	befördern
fœra, fœrði, fœrt	von der Stelle bewegen
fǫr, farar f.	Fahrt
frestask	sich verzögern
frændi, frænda m.	Verwandter
fundr, fundar m.	Begegnung
fylgja, fylgði, fylgt	folgen
gamall, gǫmul, gamalt	alt
ganga, gekk, gengu, gengit, 7. Kl.	gehen
gefa, gaf, gáfu, gefit, 5. Kl	geben
gera, gerði, gert	tun
gerla	vollkommen, genau
gjǫf , gjafar f.	Gabe
goðorð, -orðs n.	Godentum
grípa, greip, gripu, gripit, 1. Kl.	greifen
hafa, hafði, haft	haben

halda, helt, heldu, haldit, 7. Kl.	halten
heðan	von hier
heima	daheim, zu Hause
heiman	von daheim weg
heita, heitti, heitt	brauen
heita, hét, hétu, heitit, 7. Kl.	heißen
heitask	drohen
heitkona, -konu f.	versprochene, aber noch nicht förmlich verlobte Braut (im Gegensatz zu *festarkona* 'förmlich verlobte Braut')
herr, herrjar m.	Kriegsvolk
hersir, hersis m.	Herse, Häuptling, reicher Bauer, Befehlshaber über einen Bezirk
hlaupa, hljóp, hljópu, hlaupit, 7. Kl.	laufen, springen
hljóð, hljóðs n.	Stille, Zuhören
hlýða, hlýddi, hlýtt	lauschen
hneigja, hneigði, hneigt	neigen
hníga, hné, hnigu, hnigit, 1. Kl.	sich neigen, fallen
hǫggva, hjó, hjoggu, hǫgg(v)it, 7. Kl.	schlagen
horfa, horfði, horft	sich wenden
hrjóta, hraut, hrutu, hrotit, 2. Kl.	fortspringen
huga, hugði, hugat	denken
húskarl, húskarls m.	freier Knecht
í	in, an
kaupa, keypti, keypt	kaufen
koma, kom, kómu, komit, 4. Kl.	kommen
kremja, kramdi, kramit	heimsuchen (Krankheiten)
kveða, kvað, kváðu, kveðit, 5. Kl.	sprechen
kyn, kyns n.	Geschlecht, Familie
láta, lét, létu, látit, 7. Kl.	lassen
leggja, lagði, lagt	legen
leysa, leysti, leyst	loskaufen
liggja, lá, lágu, legit, 5. Kl.	liegen
líða, leið, liðu, liðit, 1. Kl.	vergehen, verstreichen
lǫgsaga, -sǫgu f.	Vortrag des Gesetzes
lúka, lauk, luku, lokit, 2. Kl.	schließen, enden
maðr/mann, manns m.	Mann, Mensch
margr, mǫrg, mart	manch, viel
mǫrk, merkr f.	Gewicht, Münzeinheit, Mark
mega, má, megu, mátti, megat/mátt, pp.vb.	können
menning, menningar f.	Erziehung, Bildung
miðr, mið, mitt	mittlerer
mikill, mikil, mikit	mächtig, groß
mœða, mœddi, mœtt	entkräften
móðir, móður f.	Mutter
mæla, mælti, mælt	sagen
nefna, nefndi, nefnt	namentlich erwähnen
nema, nam, námu, numit, 4. Kl.	nehmen
nes, ness n.	Landzunge
ofanverðr, ofanverð, ofanvert	nach oben gerichtet
ǫl, ǫls n.	Bier
ór	aus
ráða, réð, réðu, ráðit, 7. Kl.	Rat erteilen
rekja, rakti, rakit	entfalten

rétting, réttingar f.	Wiedergutmachung
ríða, reið, riðu, riðit, 1. Kl.	reiten
ríkr, rík, ríkt	mächtig
rœða um e-t, rœddi, rœtt	über etw. sprechen
rǫskr, rǫsk, rǫskt	tüchtig, tapfer
saga, sǫgu f.	Geschichte, Erzählung
sárr, sár, sárt	verwundet
segja, sagði, sagt	erzählen, sagen
sigla, sigldi, siglt	segeln, reisen
sitja, sat, sátu, setit, 5. Kl.	sitzen
síðan	dann, seither
sjá, sá, sá, sét, 5. Kl.	sehen
skaplyndi, skaplyndis n.	Gemütsart
skaut, skauts n.	Tuch, Zipfel eines Kleidungsstücks
skáld, skálds n.	Skalde, Dichter
skeina, skeindi, skeint	leicht verwunden
skilja, skildi, skilt	trennen
skip, skips n.	Schiff
skulu, skal, skulu, skyldi, - , pp.vb.	sollen
slyppr, slypp, slyppt	waffenlos
snimma	zeitig
sœkja, sótti, sótt	suchen
sœmd, sœmdar f.	Ehre
sofna, sofnaði, sofnat	einschlafen
sonr, sons m.	Sohn
sótt, sóttar f.	Krankheit
spyrja, spurði, spurt	fragen, erfahren
stela, stal, stálu, stolit, 4. Kl.	stehlen
stirðkveðit	schwerfällig gedichtet
stúlka, stúlku f.	junges Mädchen
svara, svaraði, svarat	antworten
sveinn, sveins m.	Junge
svíkja, sveik, sviku, svikit, 1. Kl.	betrügen
sýna, sýndi, sýnt	zeigen, erweisen
sýnask	passend erscheinen
taka, tók, tóku, tekit, 6. Kl.	nehmen
tal, tals n.	Gespräch
tilkváma, -kvámu f.	Ankunft
trygð, trygðar f. (meist Pl. trygðir)	Treue
undan	weg – von
vaskligr, vasklig, vaskligt	tapfer, tüchtig
ván, vánar f.	Erwartung
vár, várs n.	Frühling
veita, veitti, veitt	gewähren
veizla, veizlu f.	Fest
vera, var, váru, verit, 5. Kl.	sein
verða, varð, urðu, orðit, 3. Kl.	werden
vestr	nach Westen
vetr, vetrar m.	Winter
við	bei, mit
vilja, vildi, vilt	wollen
vinna, vann, unnu, unnit, 3. Kl.	arbeiten
vinr, vinar m.	Freund
vita, veit, vitu, vissi, vitat, pp.vb.	wissen

vitr, vitr, vitrt	klug
vænn, væn, vænt	aussichtsreich, schön
yrkja, orti, ort	wirken, arbeiten, machen
þaðan	von dort
þangat	dorthin, dort
þá	da, dann
þiggja, þá, þágu, þegit, 5. Kl.	erhalten
þing, þings n.	Thingversammlung
þó	doch, aber
þótt (= þó at)	obwohl
þykkja, þótti, þótt	dünken, scheinen
þyngd, þyngdar f.	Krankheit
ætla, ætlaði, ætlat	beabsichtigen
ætt, ættar f.	Familie, Geschlecht
ǫrn, arnar m.	Adler

Register

	Nr. der Lektion u. Nr. der Übung		Nr. im Lösungsteil u. Nr. der Übung	
Ablautklasse	L 3 L 5 L 6 L 10	Ü 5., 8. Ü 1. Ü 3. Ü 5.	L 4+ L 5+ L 6+ L 8+	Ü 1.1 Ü 3.2 Ü 2.4 Ü 3.1, 3.2
AcI	L 4 L 7	Ü 8. Ü 6.		
Adjektiv, schwach flektiert	L 4 L 10	Ü 3., 4. Ü 3.	L 4+ L 5+ L 10+	Ü 1.4 Ü 3.3 Ü 1.2
Adjektiv, stark flektiert	L 4 L 10	Ü 3., 4. Ü 3.	L 4+ L 5+ L 10 +	Ü 1.4 Ü 3.3 Ü 1.2
Adverb	L 5	Ü 3.	L 5+ L 8+	Ü 3.4 Ü 2.
Ausfall des schwachtonigen Vokals in Ableitungssuffixen, s. phon. und morph. Regeln				
Brechung, s. phon. und morph. Regeln	L 2	Ü 8.		
Demonstrativpronomen	L 2	Ü 3.	L 2+	Ü 3.
Dentalsuffix	L 2	Ü 6.1		
Hauptsatz	L 8	Ü 3.		
i-Umlaut, s. phon. und morph. Regeln				
Indikativ	L 3 L 4	Ü 6., 7. Ü 6., 7.		

	Nr. der Lektion u. Nr. der Übung		Nr. im Lösungsteil u. Nr. der Übung	
Indikativ	L 6 L 9 L 10	Ü 3. Ü 5. Ü 5.	L 8+ L 9+	Ü 3.1, 3.2 Ü 1.
ingressiv	L 7	Ü 4.		
Komparativ	L 4 L 9 L 10	Ü 3. Ü 4. Ü 4.	L 7+	Ü 4.
Konjunktiv	L 4	Ü 5., 6., 7.	L 9+	Ü 1.
Konsonantenassimilation, s. phon. und morph. Regeln				
Kontraktion, s. phon. und morph. Regeln				
Mediopassiv	L 4 L 5 L 7 L 8	Ü 8. Ü 7. Ü 4. Ü 4.	L 5+ L 8+	Ü 2. Ü 3.3
morphologische Regeln	L 2 L 10	Ü 8. Ü 6.	L6+ L7+	Ü 2.7 Ü 1.
Nebensatz	L 8	Ü 3.		
norröne Sprache	L 1	Ü 9.	L 1+	Ü 1.2
Partizip Perfekt	L 3 L 6 L 10	Ü 8. Ü 3., 4., 5. Ü 5.	L 6+ L 8+	Ü 2.3 Ü 3.1, 3.2
Personalpronomen	L 1 L 2	Ü 6. Ü 3.		
phonologische Regeln	L 2 L 3	Ü 8. Ü 3., 4.		

	Nr. der Lektion u. Nr. der Übung		Nr. im Lösungsteil u. Nr. der Übung	
Subjekt			L 8+	Ü 1.
Substantiv, definit Substantiv, definit	L 2	Ü 7.	 L 3+ L 6+ L 7+ L 10+	 Ü 1., 3. Ü 2.1 Ü 2. Ü 1.2
Substantiv, indefinit	L 2	Ü 7.	 L 3+ L 6+ L 7+ L 9+ L 10+	 Ü 1., 3.1 Ü 2.2 Ü 2. Ü 3. Ü 1.2
Substantiv, schwach flektiert	L 3 L 8	Ü 2. Ü 2.		
Substantiv, stark flektiert	L 1 L 3 L 4 L 5	Ü 4. Ü 4. Ü 2. Ü 4., 5.		
Superlativ	L 4 L 9	Ü 3. Ü 4.	 L 7+	 Ü 4.
Syntax	L 8 L 9	Ü 3. Ü 3.		
u-Umlaut, s. phon. und morph. Regeln				
Übergang von *n* → *ð* vor *r*, s. phon. und morph. Regeln				
Umlaut	L 2	Ü 8.		
v-Schwund vor gerundetem Vokal, s. phon. und morph. Regeln				
Verb, schwaches	 L 3 L 4	 Ü 5., 6., 7. Ü 5.	L 2+	Ü 1.

	Nr. der Lektion u. Nr. der Übung		Nr. im Lösungsteil u. Nr. der Übung	
Verb, schwaches	L 6	Ü 1., 4.	L 6+	Ü 2.3
			L 7+	Ü 3.
	L 9	Ü 5.		
Verb, starkes	L 2	Ü 6.1	L 2+	Ü 1.
	L 3	Ü 5., 6., 7.		
	L 4	Ü 5., 6.		
	L 5	Ü 1.	L 5+	Ü 3.2
	L 6	Ü 3., 4.	L 6+	Ü 2.4
			L 7+	Ü 3.
			L 8+	Ü 3.1, 3.2
	L 9	Ü 5.		
	L 10	Ü 5.		
Verwandtschaftsbezeichnungen	L 1	Ü 5.	L 2+	Ü 3.
	L 3	Ü 4.		
Vokalschwund, s. phon. und morph. Regeln				
Wortarten	L 4	Ü 4.		
			L 6+	Ü 2.6
	L 7	Ü 2.		
	L 10	Ü 1.		

Zum Weiterlernen

Juliane Egerer | Sybille Bauer

Norrönes Lern- und Arbeitsbuch

Band 2

2016
178 S. · Kartoniert
ISBN 978-3-87548-751-0

Studierende, die bereits Band 1 durchgearbeitet haben, können mit diesem Band ihre Altnordischkenntnisse gezielt erweitern. Im Vordergrund steht die Kompetenz, aus dem Altnordischen ins Deutsche übersetzen sowie literatur- und kulturwissenschaftliche Textuntersuchungen durchführen zu können.

Die 10 Kapitel sind jeweils einer Gattung der Sagas gewidmet. Sie setzen sich zusammen aus Texten und dazugehörigen Übungen. Jedes Kapitel schließt mit Aufgaben, die der Revision und Überprüfung des Gelernten dienen sowie mit einem Ausblick, der zur Vertiefung und Erarbeitung weiterer wissenschaftlicher Literatur anleitet.

„Insgesamt erscheint die Anlage und Textauswahl wohlüberlegt und wohlportioniert und vermag sicher einen sehr umfassenden Eindruck der isländischen Sagaliteratur zu vermitteln. Dieser zweite Band des Norrönen Lern- und Arbeitsbuches bildet somit eine wirklich sinnvolle und aktuelle Ergänzung des bisherigen Angebots an Lehrwerken und Materialien für den Altnordischunterricht."

Island, 22-2016-2, Regina Jucknies

BUSKE

Skandinavistik im Helmut Buske Verlag

Jan Alexander van Nahl | Astrid van Nahl

Skandinavistische Mediävistik

Einführung in die altwestnordische Sprach- und Literaturgeschichte

2019
XIX, 234 S. · Kartoniert
ISBN 978-3-87548-967-5

Zielgruppe:

Studienanfänger*innen und fortgeschrittene Studierende der (Alt)Skandinavistik und der (skandinavistischen) Mediävistik; Studierende anderer Fachbereiche, mit Interesse an historischer Sprachbetrachtung sowie altnordischer Sprache und Literatur und generell interessierte Laien.

Lernziele:

Orientierung über den Fachbereich durch Einführung in Texte, Theorien und Methoden der altwestnordischen Mediävistik; Verständnis sprachgeschichtlicher Entwicklungen und ihrer Terminologie; Einblicke in die umfangreiche Literatur des mittelalterlichen Islands (Sagas, Eddas und Skaldendichtung); Überblick über Forschungsgeschichte und aktuelle Fragestellungen.

Konzeption:

Diese Einführung bietet einen soliden Überblick über Quellen, Forschungsgeschichte und aktuelle Fragestellungen, diskutiert Inhalte, Methoden und Theorien. Die Herausbildung und Besonderheiten der altwestnordischen Sprache werden ebenso behandelt wie die großen Literaturgattungen des isländischen Mittelalters: Sagas, Eddas und Skaldendichtung, daneben gelehrte Literatur des Nordens.

Zahlreiche miteinander verknüpfte Kurzkapitel, ein umfangreiches Glossar zu Fachwörtern sowie ein mehrseitiger Index ermöglichen den unproblematischen Einstieg in verschiedene Themen. Abgerundet wird das Buch durch weiterführende Literaturhinweise.

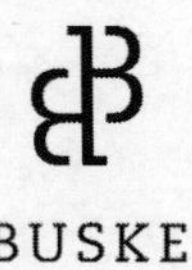

BUSKE